dtv

Feng-Shui ist eine auf altem chinesischem Wissen basierende Harmonielehre, die sich mit der bestmöglichen Landschaftsgestaltung sowie dem Standort und der Einrichtung von Häusern beschäftigt. Diese Methode zeigt, wie man mit Farben, Formen und Anordnung von Möbeln für Gesundheit, Glück und Reichtum der Hausbewohner sorgen und negative Einflüsse neutralisieren kann. Die Autoren beraten schon seit vielen Jahren Unternehmen bei der Gestaltung ihrer Arbeitsräume. Mit diesem Buch legen sie nun einen praktischen Leitfaden vor, mit dem jeder eine Umgebung schaffen kann, in der er zu einem inneren harmonischen Gleichgewicht findet. Eine Fülle illustrierter Beispiele und konkreter Tips zeigt, wie man die Feng-Shui-Regeln im Haus und ums Haus herum richtig anwendet.

Ingrid Kraaz von Rohr, Doctor of Naturopathy in den USA, ist Heilpraktikerin, Homöopathin, Farbpsychologin und spirituelle Lebensberaterin. Sie gründete die Internationale Akademie für Natürliche Komplementär-Medizin, die verschiedene Methoden der Naturheilkunde zusammenführt, und entwickelte den »Heilblüten-Test« sowie den »12-Farben-Test«. In den Mittelpunkt ihrer Arbeit stellt die Autorin die Zusammenhänge zwischen emotionalen und spirituellen Hintergründen, der Erfahrungsheilkunde und dem täglichen Leben. Zahlreiche Buchpublikationen u. a. ›Farbtherapie aus der Küche‹ (1996) und ›Naturheilbuch‹ (1997).

Dr. Robert Hofmann ist Feng-Shui-Berater, Heilpraktiker, Homöopath und Shiatsu-Lehrer, der sein breites Wissen in Seminaren und Schulungen vermittelt.

Ingrid Kraaz von Rohr
Robert Hofmann

Feng-Shui

Harmonisch leben und wohnen

Deutscher Taschenbuch Verlag

Die Grafiken 17, 18, 20, 22, 26, 27 und 38 wurden von
Jörg Mair für die Taschenbuchausgabe ergänzt

Ungekürzte Ausgabe
Juli 1998
2. Auflage April 1999
Deutscher Taschenbuch Verlag GmbH & Co. KG, München

ISBN 3-485-00749-8
Umschlagkonzept: Balk & Brumshagen
Umschlagfoto: © FOTEX/Color Box
Satz: KCS GmbH, Buchholz/Hamburg
Gesetzt aus der Times New Roman 10,5/12˙
Druck und Bindung: C. H. Beck'sche Buchdruckerei,
Nördlingen
Gedruckt auf säurefreiem, chlorfrei gebleichtem Papier
Printed in Germany · ISBN 3-423-36100-X

Inhalt

Was ist Feng-Shui?

Feng-Shui ist eine chinesische Harmonielehre mit einer sehr langen Tradition, die den Menschen hilft, das Gute (Ch'i) anzuziehen und schädliche Einflüsse (Sha-Ch'i) abzuwehren. Man kann Feng-Shui auch als die Kunst des gesunden und glücklichen Wohnens bezeichnen.

In vielen alten Kulturen wurde die Erde als ein lebendiges Wesen betrachtet, dessen Lebensströme wie die Adern in einem Organismus als Kraftlinien gedeutet wurden, etwa die »ley lines« uralter europäischer Traditionen. Jahrhunderte- und jahrtausendelang verfügten die Menschen über das Wissen von kraft- und gesundheitsspendenden Orten oder solchen, die ungut waren. Entsprechend dieser ganzheitlichen Sichtweise von der natürlichen Umgebung siedelten die Menschen intuitiv an energetisch günstigen Orten. Nachweislich sind viele bedeutende, insbesondere sakrale Monumente an »Kraftorten« erbaut, die über eine objektiv meßbare Konzentration an regenerativer Kraftzufuhr verfügen und zudem durch jene Kraftlinien miteinander verbunden sind. Wir heutigen Menschen des hochtechnisierten Zeitalters sind angesichts dieses alten, leider nur zu oft verlorengegangenen Wissens häufig sprachlos, und doch wird uns immer deutlicher bewußt, daß es sich lohnt, solchen alten Spuren zu folgen.

Ch'i, der kosmische Atem

In der chinesischen Feng-Shui-Tradition, die sich im übrigen bis heute erhalten hat, heißt der alles durchströmende positive Energiefluß Ch'i. Man könnte ihn auch den kosmischen Atem,

Luft oder Gas nennen. Nun gehören zum großen Ganzen neben den tellurischen auch die kosmischen Kräfte. Die Erde läßt sich nicht isoliert betrachten, genausowenig wie der Mensch, der auch den Schwingungen der Gestirne und des Äthers ausgesetzt ist. Feng-Shui wird mit »Wind und Wasser« übersetzt, was zeigt, daß diese Lehre alle den Menschen umgebenden Einflüsse von der Erde und aus dem Kosmos einbezieht. Wind und Wasser bezeichnen zwei Elemente, die für uns nicht greifbar sind und dennoch unser gesamtes Leben beeinflussen, im Positiven wie im Negativen.

Feng-Shui sollte von jedem Menschen wie eine Fähigkeit des Körpers – etwa die Nahrungsaufnahme – verstanden und beherrscht werden, damit er ein glücklicheres, gesunderes und erfolgreicheres Leben führen kann.

Im alten China wurden zwei große Kräfte erkannt, die unser gesamtes Sein bestimmen: Yin und Yang. Diese beiden großen Gegensätze können durch geeignete Feng-Shui-Maßnahmen in Übereinstimmung gebracht werden und so unser ganzes Leben harmonisch regeln.

Die Suche nach dem idealen Ort

Ein Feng-Shui-Experte, der vor einem Hausbau als Berater hinzugezogen wird, achtet entsprechend auf vielfältige Aspekte. Bei der Planung wird die umgebende nahe und ferne Landschaft – insbesondere die Horizontlinie – ebenso beachtet wie die Ausrichtung des Standorts nach Wind- oder Himmelsrichtungen. In der Natur vorhandene Symbolträger spielen eine ebenso bedeutsame Rolle wie architektonisch vorgegebene Formen und Materialien. Und natürlich werden magnetische oder elektromagnetische Spannungsfelder aufgespürt und entsprechend vermieden oder entstört. Mit Hilfe des Feng-Shui kann man die Schwingungen eines Ortes feststellen, seine Ausstrahlung, seinen Geist, seine Gestimmtheit – im Positiven wie im Negativen. Feng-Shui kann uns den idealen Ort weisen, an dem wir uns in Harmonie zwischen Himmel und Erde befinden, im Gleichgewicht mit der Natur.

Die wenigsten Menschen sind jedoch heutzutage in der Lage, sich nach den idealen Bedingungen ein Haus bauen zu lassen, da sie in bereits bestehende Häuser oder Wohnungen einziehen, an denen die Grunddaten – wie Anordnung der Zimmer, Lage und Größe von Fenstern und Türen usw. – nicht mehr zu verändern sind. Doch auch in solchen Fällen kann Feng-Shui mit einer Reihe von kleineren, unaufwendigen Veränderungen große, heilsame Folgen nach sich ziehen.

Was kann Feng-Shui?

Was kann Feng-Shui? Zunächst regelt es den Fluß der uns umgebenden kosmischen Energie, des Ch'i. Durch gezielte Eingriffe in unsere Umgebung kann Feng-Shui dazu verhelfen, daß das Ch'i ungehindert unseren Wohn- und Lebensraum durchströmt. Dies geschieht durch vielfältige Maßnahmen: durch das gezielte Anbringen bestimmter Gegenstände im Haus und auch außerhalb, Design der Gärten und Parkanlagen, den individuell passenden Farben und durch die Einrichtung im Wohn- und Arbeitsbereich. Warum gibt es Räume, in denen wir uns wohl und ausgeglichen fühlen? Liegt es an den Farben in dem jeweiligen Raum, den Lichtverhältnissen oder einem bestimmten Möbelstück? Und umgekehrt: Was macht ein bestimmtes Zimmer für uns belastend, beklemmend, unwohnlich? Warum haben wir das Bedürfnis, bestimmte Umgebungen extrem ordentlich und aufgeräumt zu halten, während es uns woanders nicht so darauf ankommt? Wenn Sie bereits in verschiedenen Wohnungen gelebt haben: Wo haben Sie sich besonders wohl, wo weniger wohl gefühlt? Und was waren die jeweiligen Gründe für Ihre unterschiedliche emotionale Reaktion auf die verschiedenen Umgebungen? Genau diese Gründe lernen wir mit Hilfe von Feng-Shui zu erkennen.

Feng-Shui erzeugt Ausgeglichenheit, da es in einem Gebäude oder bewohnten Raum den Fluß der Lebenskraft erhöht, die sich den darin lebenden Menschen mitteilt. Feng-Shui vermag durch Verwendung von Hilfsmitteln wie Springbrunnen, passenden Farben, Wasserfällen, Aquarien, Blumen u. a. größere Mengen an Ch'i anzuziehen. Eine weitere Aufgabe besteht dann darin, den angezogenen Fluß erhöhter Lebenskraft zu lenken. Häufig nämlich behindern architektonische Vorgaben diese Lebenskraft, deshalb ist es dann nötig, das Ch'i durch geeignete Feng-Shui-Maßnahmen in die richtigen Bahnen zu bringen.

Feng-Shui wehrt schädigende Einflüsse der Erde, Strahlung von geopathischen Feldern, z. B. Wasseradern und verschiedene Gitternetze, Elektrosmog und laut chinesischer Überlieferung auch die negativen Einflüsse der Geisterwelt ab.

Wie können wir Feng-Shui für uns nutzen?

In der Tradition des Feng-Shui gibt es eine reiche Palette an zielgerichteten Maßnahmen, mit denen Gesundheit, Wachstum, ein harmonisches Zusammenleben, Glück und Wohlstand garantiert werden, oder umgekehrt gesagt – schädliche Einflüsse, die uns schwächen, krank machen, an unserem Familienglück und Wohlstand zehren, neutralisiert und in ihr Gegenteil verkehrt werden.

Gesundes Wohnen, das bedeutet nicht nur Verzicht auf giftige Materialien, sondern auch die richtige Einrichtung und Gestaltung von Wohn- und Arbeitsräumen. Eine Wohnumgebung sollte so gestaltet sein, daß sich die vitalisierenden Strömungen ungehindert und in sanften Kurven bewegen können: Ein unregelmäßiger, geschwungener Weg führt Ch'i mit sich, ein gerader hingegen das schädigende Sha-Ch'i. Interessant ist in diesem Zusammenhang auch, daß Ch'i in der Akupunktur gleichfalls die vitalen Körperenergien bezeichnet. Wer also seine Wohnumgebung bewußt nach Feng-Shui-Gesichtspunkten gestaltet, versucht, gerade verlaufende Wege zu vermeiden oder bereits vorhandene Korridore durch gezielte Hilfsmittel in geschwungene zu verwandeln.

Die Energie, die das Ch'i bewirkt, kann in den verschiedenen Wohnräumen je nach deren Erfordernissen unterschiedliche Qualität haben: In einem Schlafzimmer sollte sie entspannend und regenerierend, in einem Wohn- und Arbeitszimmer eher vitalisierend sein.

In Räumen entsteht hohes Ch'i, wenn sich der Energiefluß ungehindert darin bewegen, das heißt hineinströmen, den

Raum in kreisender, fließender Bewegung anreichern und wieder hinausströmen kann. Wichtig ist, daß er nicht zum Stillstand kommt oder durch Kanten gebrochen wird.

Die Bedeutung von Feng-Shui für zentrale Lebensbereiche kann man jedoch nur erfassen, wenn man sich die Gefahren vor Augen hält, die den Unkundigen bedrohen und die durch ungünstige Umweltbedingungen ständig auf den Menschen einwirken. Diese zu erkennen und mit den geeigneten, zumeist unaufwendigen Maßnahmen zu beseitigen, kann lebenswichtig sein, zumindest aber einen großen Teil zu Wohlbefinden, Gesundheit, Glück und materiellem Erfolg beitragen.

Folgen einer schlechten Energiesituation für den Menschen

Schlechtes Feng-Shui, das heißt ein niedriger Fluß der kosmischen Energie, verbraucht sehr viel Sauerstoff und ist somit auch körperlich belastend. Räume mit niedrigem Feng-Shui charakterisiert ein Vampireffekt: Je niedriger der Gehalt an kosmischer Energie in einem Raum ist, desto stärker wird einem lebenden Wesen dessen eigene Energie entzogen. Besitzt eine ausgeglichene, glückliche und vitale Person hundert Prozent Energie und hält sich über einen längeren Zeitraum in einem Raum mit wenig kosmischem Energiefluß auf, wird dieser Person bald so viel Kraft entzogen worden sein, daß ihr eigener Energiestand dem prozentualen Energiestand des Raumes entspricht. Hohe kosmische Energiekraft bedeutet einen enormen Austausch von Ionen in der Luft, der im Freien bis zu hundert Prozent betragen kann. Mit einem drastischen Sinken der Luftionisation in einem Raum, z. B. auf dreißig Prozent, geht ein Anstieg am Pilzgehalt, an Myzelen, in diesem Raum von sechzig Prozent einher, und ebenso läßt sich ein Bakterienanstieg um dreißig Prozent beobachten.

Niedrige kosmische Energie bewirkt zudem, daß Giftstoffe im Körper nicht mehr abgebaut werden können. In diesem Fall gibt es für den Behandelnden deutliche Hinweise auf eine Zunahme an freien Radikalen im Körper sowie auf eine erhebliche Verminderung der Zellaktivität. Die für den betroffenen Menschen fühlbaren Ergebnisse sind niedrige Lebenskraft und tiefe Müdigkeit, die ihrerseits zu einer Degeneration der inneren Organe, einer schlechten Blutqualität und dem Anstieg von Erkrankungen führen, wobei insbesondere Niere und Leber betroffen sind. Bei einer solchen dauerhaften Belastung reduziert sich letztlich auch die Lebenserwartung. Eine Umgebung mit niedriger Energie bietet zudem den Nährboden für Depressionen.

Geheime Pfeile

Ein wesentlicher Faktor, der schlechte Energien, Sha-Ch'i, anzieht, sind die sogenannten »geheimen Pfeile«. Sie entstehen durch Spitzen, Ecken, Kanten und können den Menschen, auf den sie gerichtet sind, auf Dauer ernsthaft schädigen. Solche spitzen, eckigen, winkligen Formen – etwa eine auf das eigene Haus gerichtete Dachkante des Nachbarhauses oder Möbel mit spitzen Ecken und Kanten – gilt es zu vermeiden beziehungsweise die schädlichen Einflüsse des dadurch auf uns gerichteten Sha-Ch'i durch Hilfsmittel, in diesem Fall insbesondere Spiegel oder Pflanzen, abzulenken. Asiatische Statistiken geben an, daß achtzig bis neunzig Prozent von Haushaltsunfällen durch die aufs eigene Haus gerichteten geheimen Pfeile hervorgerufen werden, z. B. durch jene, die von den Dachfirsten der Nachbarhäuser ausgehen. Möglicherweise können sie sogar Hirnblutungen hervorrufen und anschließende Schlaganfälle nach sich ziehen.

Ungünstig sind auch Bäume oder Laternenpfähle, die durch ein Fenster vom Haus aus zu sehen sind. Deren schneidende, zerteilende Negativwirkung läßt sich wiederum durch einen vom Fenster nach außen weisenden Vergrößerungsspiegel abwehren.

Feng-Shui-Hilfsmittel und ihre Wirkung

Wirkungsvolle Hilfsmittel, die das Feng-Shui traditionell einsetzt, sind insbesondere:

- Bänder
- Bäume
- Brunnen
- Eckregale
- Farben
- Flöten
- Pflanzen
- Spiegel
- Ventilatoren
- Wasserfälle
- Windspiele

An den richtigen Stellen angebracht, bewirken diese Maßnahmen eine Neutralisation von negativen Einflüssen, krank machenden geopathischen Störzonen, elektromagnetischen Feldern von Stromleitungen und elektrischen Geräten, Einflüssen von scharfen Kanten und Ecken, den bereits genannten geheimen Pfeilen, blendendem Licht oder ungünstigen Pflanzen.

In bestimmten Räumen läßt sich die Energie auch sehr gut durch Ventilatoren oder Fächer leiten und bewegen. Lebende Zäune, also Hecken aus Bäumen oder Büschen, können ebenfalls zu einem Ausgleich zwischen Ch'i und Sha-Ch'i führen, aber auch große Wände, die vor Häusern aufgestellt werden, oder Paravents innerhalb von Wohnräumen. Ein wichtiger Aspekt ist auch die jeweils passende Farbe für den Wohn- oder

Arbeitsbereich. Sie wirkt anregend oder beruhigend, aggressiv oder den Gedankenfluß fördernd.

Ein weiteres Hilfsmittel besteht in der Beachtung symbolisch bedeutsamer Maße und Zahlen.

Wie wirken die Hilfsmittel nun im einzelnen?

Dem achteckigen Ba-Gua-Zeichen liegt eine komplexe Philosophie zugrunde. Den acht Seiten dieses Zeichens sind neben Farben, Elementen und Körperteilen die folgenden acht Bereiche zugeordnet:

- Karriere
- Wissen
- Kinder
- Reichtum
- Ruhm
- Ehe
- Familie
- Hilfreiche Menschen

Das Ba-Gua-Zeichen enthält acht Trigramme. Sie stammen ursprünglich aus dem ›I Ging‹ und werden im Chinesischen als sicherer Schutz gegen negative Kräfte verstanden und deshalb oft in Türbalken eingeschnitzt. Jedem Zimmer wird ein Trigramm zugeordnet. Die Trigramme enthalten laut alter chinesischer Tradition Bedeutungen wie Vater, Mutter, die Söhne und Töchter verschiedenen Alters sowie die einzelnen Himmelsrichtungen, aber auch Vorstellungen von Autorität, Wachstum oder Freude. Feng-Shui-Berater können mit Hilfe des chinesischen Kompasses, des Luo-Pans, diese Bedeutungsinhalte gezielt auf die Daten des einzelnen Bewohners anwenden und so den günstigsten Standort ermitteln.

Die Grundform des Ba-Gua kann man auf verschiedene Bereiche anwenden, auf Landschaften, Häuser sowie auf einzelne Räume. Wenn während einer Lebensphase bestimmte Probleme auftauchen, kann man mit Hilfe des Ba-Gua die entsprechenden Bereiche stärken, insbesondere an den Eingangstüren. Dem Zeichen selbst, dessen Zentrum vom Yin- und Yang-Zeichen gefüllt wird, wohnt bereits eine starke energetisierende Kraft inne.

Spiegel

Im Feng-Shui besteht die Hauptfunktion der vielfältig eingesetzten Spiegel darin, schädliches Sha-Ch'i abzuwehren, z. B. geheime Pfeile, auch versteckte Schwerter genannt, zurückzusenden. Spiegel sollten möglichst rund oder achteckig sein.

Paravents

Paravents schirmen einen Bereich vor schädlichen Energien ab. Sie dürfen keine spitzen Ecken oder Kanten haben. Gitterstrukturen in den Stellwänden helfen nicht, diese müssen über stabile, lichtundurchlässige Flächen verfügen.

Flöten

Flöten schaffen es, die Kraft im Raum anzuziehen, also Energie in den Raum hineinzuleiten und negative Kräfte abzuwehren. (Nach asiatischer Überlieferung meiden negative Wesen Flötentöne.) Sie werden so aufgehängt, daß sie mit dem Mundstück nach oben zeigen und die einzelnen Löcher der Flöte zu sehen sind. Außerdem sollte ihre Anordnung die Form einer Pyramide aufweisen, wobei sie sich am besten in einem Winkel von fünfundvierzig Grad zueinander neigen. Die Mundstücke müssen mindestens zehn Zentimeter auseinander stehen, das heißt, sie dürfen sich nicht berühren. In einer Höhe von eineinhalb Metern angeordnet, verheißen sie Reichtum. Wenn sie mit bunten Bändern umwickelt sind, symbolisieren sie der chinesischen Regel nach zudem Frieden. Im westlichen Lebensbereich hat sich die Farbe Türkis bewährt. Es hilft u. a. der Schilddrüse, negative Strahlungen zu verarbeiten. Dies gilt nicht für Menschen, deren Element Erde oder Wasser ist!

Fächer und Ventilatoren

Fächer verschiedenster Größe haben die Kraft, kosmische Energie anzuziehen und sie in den Raum hineinzufächern. Sie reichern durchströmende Energie immer wieder aufs neue an. Wichtig ist, daß Fächer immer mit der Öffnung in den Raum zeigen, nicht zur Decke, nicht zum Boden. Fächer sollten nie weiß oder schwarz sein. Auch die Farbe Rot ist ungünstig. Rot ist das Feuer, zu aggressiv, Weiß ist neutral und Schwarz die Farbe des Todes. Am günstigsten sind bemalte Fächer, die durchaus nach modernem Design gestaltet sein können.

Zwei sich langsam drehende Ventilatoren, die in der Mitte der Zimmerdecke angebracht werden, stärken den Energiefluß in einem Raum in ähnlicher Weise wie Fächer.

Farbige Bänder

Man kann verschiedenfarbige Bänder oder Perlschnüre in Zimmerecken von der Decke herabhängen lassen, um diese abzurunden. Die Bänder regen den Fluß der Energie an und verhindern, daß diese in den Zimmerecken hängenbleibt. Die gleiche Funktion kommt den Bändern auch vor Kanten zu.

Windspiele

Windspiele erzeugen beruhigende Heilklänge. Vor einem Fenster blocken sie das Ch'i ab, so daß es an dieser Stelle den Raum nicht verlassen kann. Um einen Quadratmeter Fensterbreite mittels Windspiel zu sichern, bedarf es einer Länge von dreißig Zentimetern pro Hohlrohr oder zwanzig Zentimetern pro Massivrohr. Bei noch größeren Windspielen genügen bereits fünfzehn bis zwanzig Zentimeter Länge pro Quadratmeter Fensterfläche. Ein Windspiel muß aus mindestens fünf Rohren bestehen.

Die Töne verteilen und bewegen die Energie und wirken auf den Menschen wie energetisierende Mantras. Windspiele dürfen nicht vor einer Tür angebracht werden, weil sie den Ch'i-Fluß blockieren und dieser den Raum nicht verlassen kann. Zu helle und durchdringende Töne verursachen auf Dauer Herz- und Ohrprobleme. Auch sollten sie nicht über einer Arbeitsfläche angebracht werden, da sie die Energie zu stark verwirbeln, die ja doch gerade an einem Schreibtisch konzentriert sein sollte, und bei Luftzug einen dauernden störenden Ton erzeugen.

Bergkristalle

Eine weitere Möglichkeit, Fenster zu blockieren, um das zu schnelle Abziehen von Ch'i aus einem Raum zu verhindern, besteht darin, vor ihnen Bergkristalle aufzuhängen. Alles, was mit Bergkristallen in Berührung kommt, erhöht den Ionenaustausch. Darüber hinaus werden sie verwendet, um Erdstrahlungen abzuwenden.

Einen weiteren heilenden Einsatz finden Bergkristalle in Schlafzimmern, die an Badezimmer grenzen. Eine solche Konstellation ist schädlich, da die in der Wand liegenden Wasserrohre – versteckten Wasseradern gleich – dem Schlafenden Energie rauben. Hier bietet der Kristall vor der Wand dem Schläfer einen riegelartigen Schutz. Kristalle sollten jeden zweiten Tag unter fließendes kaltes Wasser gehalten werden.

Pflanzen

Pflanzen mit großen runden Blättern können die Kraft in einem Raum wesentlich erhöhen. Topfpflanzen mit Wurzeln haben eine starke Kraft, aber auch bunte Sträuße wirken energetisierend. Man sollte immer die Atmosphäre eines Raumes durch einen Blumenstrauß beleben. Im Notfall können an die Stelle frischer Blumen auch Seidenblumen treten.

Negative Pflanzen, das heißt Pflanzen mit spitzen Blättern, müssen vermieden werden. Diese Spitzen sind als versteckte Schwerter zu deuten. Versteckte Pfeile durch Pflanzen stellen eine ständige, hohe Belastung des magnetischen Feldes des Menschen dar und zwingen somit das Immunsystem zu ständiger Höchstarbeit, und auf organischer Ebene veranlassen sie das Herz dazu, gegen erhöhten Widerstand im Blutkreislauf schneller zu arbeiten. Letztlich belasten spitze Blätter also Herz und Kreislauf und können im Fall dauerhaften Einwirkens zu Erkrankungen führen. Zu vermeiden sind ebenfalls Farne, Bambus und Dattelpalmen. Diese Pflanzen sondern toxische Stoffe ab, die zu Asthma und Bronchitis führen können. Hingegen sind Philodendren, Gummibäume, Birkenfeigen und der Taler- oder Geldbaum gesundheitsfördernd.

Symbolische Bedeutung von Pflanzen

Die Kiefer symbolisiert Langlebigkeit, die Weide Anmut, die Pflaume Schönheit und Jugend, die Birne ebenfalls langes Leben, der Apfel beste Gesundheit; die Zypresse ist ein Zeichen für Königswürde, die Akazie für Stabilität, der Granatapfel für Fruchtbarkeit, die Mandarine für Wohlstand, die Kamelie für das Grün des Lebens; Mistel und Pfingstrose stehen für Wohlstand, die Orchidee für Ausdauer, Pfirsich und Jasmin für Freundschaft, die Rose steht für Schönheit und die Narzisse für Frieden.

Weiden – sie suchen sich negative Standplätze – sollten sich nicht in einem Innenhof und Pfirsichbäume nicht vor einem Gebäude befinden.

Zahlen

Zahlen sind in den einzelnen Kulturen unterschiedlich konnotiert. Nach chinesischer Überlieferung gilt es, einige Zahlen zu vermeiden, andere hingegen möglichst oft zu verwenden. Negativzahlen sind die Dreizehn und die Vier, da sie den Tod symbolisieren, während die Zwölf für Leben steht. Die Acht ist die Superzahl schlechthin: Als Lemniskate (liegende Acht) stellt sie das Symbol der Unendlichkeit, Weiblichkeit und Schöpfungskraft dar und garantiert ein Leben in Harmonie. Daher gelten achteckige Formen (Spiegel, Tisch) im Feng-Shui als glückverheißend.

Maße

Nach chinesischer Feng-Shui-Tradition wird jeder Abschnitt eines Längenmaßes einer bestimmten Bedeutung zugeordnet. Festgelegte Maßabschnitte symbolisieren Reichtum, Krankheit, Trennung, Gerechtigkeit, gutes Gelingen, Raub, Unfall und Ursprung. Im einzelnen lautet die Zuordnung:

0 bis 5,4 cm:	Reichtum
5,5 bis 10,7 cm:	Krankheit
10,8 bis 16,1 cm:	Trennung
16,2 bis 21,4 cm:	Gerechtigkeit
21,5 bis 26,8 cm:	gutes Gelingen
26,9 bis 32,1 cm:	Raub
32,2 bis 37,5 cm:	Unfall
37,6 bis 42,9 cm:	Kraft

Bei der Einrichtung von Räumen, in denen man sich viel aufhält oder die eine wichtige Rolle spielen, sollten diese Maße beachtet werden. Die einzelnen Maßabschnitte und ihre jeweiligen Bedeutungen wiederholen sich übrigens, so daß der erste Bereich ab 43 cm wieder Reichtum, der zweite ab 48,4 cm Krankheit usw. bedeuten. Vermeiden Sie bestimmte Maße (Raub, Unfall, Krankheit), und versuchen Sie beispielsweise, Ihren Schreibtischstuhl in einer Höhe, die »gutes Gelingen« bedeutet, einzustellen. Die jeweiligen Seitenmaße von Türen, Fenstern und Schreibtischen unterliegen denselben Gesetzmäßigkeiten.

Wasser

Einen besonderen Energieschub vermitteln ein Wasserfall, ein Springbrunnen oder ein Aquarium mit Fischen. Letzteres sollte nicht rechteckig sein, da die Kanten drohen, auf die Bewohner als geheime Pfeile zu wirken, zumal meist die Maße sehr ungünstig sind. Achten Sie darauf, daß Sie keine schwarzen Fische in Ihrem Aquarium halten, denn die Farbe Schwarz bedeutet nach chinesischer Tradition Tod, Unglück und Auflösung. Hingegen sind orangerote Fische glück- und gewinnverheißend. Auch der leitende Geschäftsführer der Bayerischen Vereinsbank in Singapur, Andreas Schmits, hat diese positive Erfahrung machen können: Wie so viele andere Banker in Singapur ließ auch er seine Niederlassung von einem Feng-Shui-Experten einrichten und sich ein großes Bild mit orangeroten Fischen in sein Büro hängen.

Als Zimmerbrunnen in Wohnungen eignen sich bepflanzte Schalen, in denen durch Stromantrieb Wasser über Steine plätschert. Sie sind in Gärtnereien oder Kaufhäusern erhältlich und sorgen während der Heizperiode für eine Befeuchtung des Raumklimas.

Einen Sonderfall stellt ein Brunnen dar, der über drei Ebenen geht. An seinem oberen Ende läuft das Wasser über einen Bergkristall hinunter auf die mittlere Ebene, die wiederum das Wasser zur unteren Ebene weiterleitet; diese soll ihrerseits zu zwei Dritteln mit Wasser gefüllt sein. Nach Feng-Shui hat der Brunnen insofern eine besondere Symbolkraft inne, als er als Bild des in die Abschnitte Himmel, Erde und Mensch aufgeteilten Menschen gesehen wird.

Anstatt einen Wasserfall bauen zu lassen, kann man auch Bilder von sehr schönen Wasserfällen aufhängen, die, je kräftiger und sprühender sie sind, um so stärker den Raum mit kosmischer Energie beleben. Wenn man sich mit der Abbildung des Hilfsmittels, eines Wasserfalls ebenso wie eines Fächers o. ä., bedient, ist die Wirkung verglichen mit dem Original jedoch abgeschwächt.

Wohnräume, Lebens- und Arbeitsbereiche

Im folgenden stellen wir Ihnen die einzelnen Wohn-, Lebens- und Arbeitsbereiche vor und zeigen kritische Bereiche auf, die die Energiesituation verschlechtern. Die zugehörigen Zeichnungen verdeutlichen für jeden Wohnraum entweder die ideale Anordnung der Möbel oder dienen zur Veranschaulichung, wie man die durch eine bereits bestehende ungünstige Einrichtung schlechte energetische Situation mit Hilfsmitteln verbessern kann.

Außerdem zeigen wir auf, wie man mit der Heilkraft von Farben seine Umgebung den persönlichen Bedürfnissen entsprechend stärken und somit die physische und seelische Gesundheit erhalten kann. In den Abbildungen werden folgende Symbole zur Darstellung der angewandten Feng-Shui-Maßnahmen verwendet:

WSP. Windspiel

FL. Flöten

FÄ. Fächer

BRU. Zimmerbrunnen

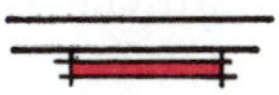
WFB. Wasserfallbild

ER. Eckregal

BÄ. Stoffbänder

SP. Spiegel

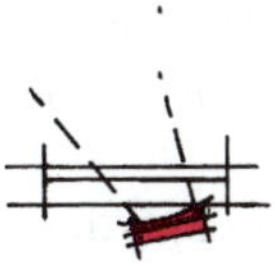
KSP. Vergrößerungs- oder Kosmetikspiegel

PAR. Paravent

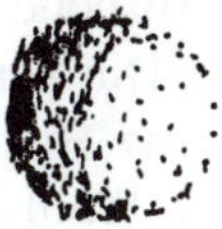
Pflanzen/Bäume

Der richtige Wohnstandort

Ein gutes Grundstück sollte linksseitig auf einen höheren Hügel hinweisen und rechtsseitig niedrigere Hügel haben, so daß die energetisch verbrauchte Luft dorthin abfließen kann. Hinter dem Haus können Hügel sein, die das gute Ch'i aufhalten, so daß es nicht zu schnell wegfließen kann.

Ein in der Nähe gelegener See oder ein am Haus vorbeifließender Fluß, der langsamer als fünf Meter in der Sekunde fließen sollte, geben hervorragende landschaftliche Voraussetzungen für eine starke Energetisierung. Der Fluß sollte in Mäandern verlaufen, er kann sich durchaus mit einer leichten Biegung, jedoch keinesfalls mit einem scharfen Knick auf das Haus zubewegen, weil er sonst zerteilende und beunruhigende Kräfte bringt. Hindernisse vor dem Grundstück beziehungsweise dem Haus, die die freie Sicht beeinträchtigen, schwächen natürlich das Ch'i.

Ein in schroffer Berglandschaft gelegenes Haus ist aufgrund der Negativwirkung der Gebirgsformation oder -höhe oder tiefer Schluchten negativem Sha-Ch'i ausgesetzt.

Diese Umstände erklären, warum bestimmte Städte und Orte ein so hohes Ansehen besitzen und den Bewohnern besonderen Erfolg bescheren.

Wichtig ist auch die Grundstücksform, auf die wir noch genauer eingehen werden.

Abbildung 1 zeigt ein in der Mitte des Grundstückes gelegenes Haus. Im Hintergrund befindet sich ein hoher Hügel mit einer Häuserformation, der ein zu rasches Abfließen des förderlichen Ch'i von dem Haus fort verhindert. Die Vordertür ist zum Fluß hin ausgerichtet, dessen angenehme Biegung eine kleine Bucht formt. Eine Bucht garantiert Wohlstand und

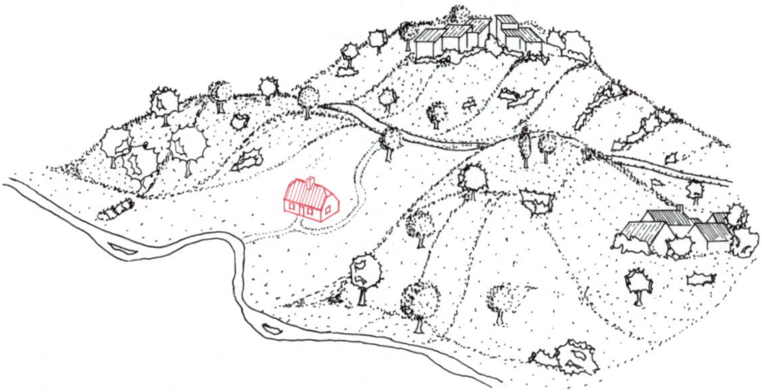

Abb. 1: Der ideale Wohnstandort in einer harmonischen Landschaft

Gesundheit. Der Weg führt in leichter Schwingung zum Fluß und bringt von dort Ch'i zum Hauseingang. Von diesem führt ein runder, geschwungener Weg zur Straße. Kein Baum stört den Fluß des natürlichen Ch'i, das aufgrund der das Haus umgebenden Hügel einen gesunden Austausch findet und nicht zu schnell abfließen kann.

Die Lage von Gebäuden

Häuser sollten idealerweise auf einem erhöhten Grund gebaut und möglichst auf einen Fluß ausgerichtet sein. Ein freistehendes Haus, dessen Vorderseite über eine große freie Fläche gen Süden zeigt, ist geomantisch, das heißt von den positiven Linien her, ausgesprochen günstig gelegen, da eine hervorragende Aufladung mit Ch'i und eine gute Belüftung des Hauses garantiert sind. Die Front eines Hauses sollte niedriger als der rückwärtige Teil und auf ein Tal, einen See, also ein niedriger gelegenes Gebiet gerichtet sein, während die Rückseite auf ein höheres Level, also einen Hügel oder Berg, weisen sollte.

Gebäude sollten sich niemals am Kopfende von Straßen befinden, auf denen der Verkehr direkt auf das Haus zuführt; gleiches gilt auch für die in scharfen Straßenbiegungen gelegenen Häuser. Abhilfen können hier durch hohe, das Haus selbst überragende Mauern, Zäune, Hecken oder Pergolen geschaffen werden, die die Gebäude aber nicht durch »Spitzen« attackieren dürfen.

Hohe Gebäude an stark befahrenen Straßen kann man durch Bäume und am Haus angebrachte große Reklame- oder Anzeigetafeln schützen, da diese die das Haus bedrohenden Turbulenzen teilweise abblocken. Gebäudekanten, die benachbarte Häuser attackieren und deren Ch'i zerstören, lassen sich durch zwei stählerne Fahnenstangen vor dem angegriffenen Gebäude entschärfen. Hierbei ist allerdings darauf zu achten, daß sie den Blick durch Türen oder Fenster des Hauses nicht teilen dürfen.

Energiebestimmung eines Grundstücks

Zur Bestimmung eines Grundstücks gehört als erstes die Feststellung der Boden-Land-Energie. Hierbei stehen uns verschiedene Möglichkeiten wie kinesiologische Tests, radiästhetische Untersuchungen und solche Messungen zur Verfügung, die mit dem chinesischen geomantischen Kompaß, dem Luo-Pan, durchgeführt werden. Unsere europäischen Radiästhesisten benutzen verschiedene Ruten dafür.

Getestet wird, ob sich auf einem Grundstück Ch'i oder Sha-Ch'i, also schlechte Energie, befindet. Ein Friedhof in der Nähe des Grundstücks stellt eine Gefahr für die Menschen dar, weil die Einflüsse der Verstorbenen auf die zukünftigen Bewohner dieses Grundstücks zu mächtig sein könnten. Natürlich müssen durch einen Radiästhesisten (Rutengänger) eventuelle geopathische Störfelder ermittelt werden, die im Zusammenhang mit geographischen, klimatischen und meteorologischen Bedingungen Krankheiten verursachen. Auch sollte man nicht vergessen, den Boden auf giftige Chemikalien untersuchen zu lassen. Mit Hilfe des Luo-Pans kann der Feng-Shui-Berater zudem feststellen, ob das anvisierte Grundstück sich zu einem selbst und der Familie in einem harmonischen Verhältnis befindet. Optimal wäre es, wenn das Grundstück 300 Meter Abstand zu einer Überlandleitung und 70 Meter Abstand von Zuggleisen hat. Ein Parabolspiegel mit 50 Zentimetern Durchmesser, wie wir ihn vom Supermarkt her kennen, wird direkt am Dachfirst befestigt, um die Schädigung abzulenken. Außerdem soll unter dem Dach an den Sparren alle 20 Zentimeter ein Bergkristall angebracht werden.

Feststellung der Energie in einem Raum

Feng-Shui-Berater haben auch die Möglichkeit, mit Hilfe des chinesischen Luo-Pans herauszufinden, wie stark die Kraft in einem Raum ist. Bei diesen Erwägungen werden die Himmelsrichtungen ebenso einbezogen wie astrologische Daten nach dem chinesischen Horoskop sowie sämtliche Einflüsse, die auf das Gebäude und speziell auf den betreffenden Raum wirken, wobei all diese Punkte auf die darin lebenden Personen bezogen werden.

Eine weitere Möglichkeit der Kraftmessung besteht darin, durch einen kinesiologischen Muskelfunktionstest die Kraft eines Raumes in bezug auf die Bewohner zu testen.

Gutgeübte und seriöse Radiästhesisten können mit einem

Pendel und einer Wünschel- oder Einhandrute auch die Kraft eines Raumes feststellen.

Ein weiteres modernes Mittel ist die Kirlianfotografie. Mit dieser Methode ist es möglich, Abstrahlungen eines Gegenstandes oder Körpers, also dessen Energie- und Schwingungsmuster, durch eine spezielle Hochfrequenztechnik fotografisch festzuhalten. Im Fall der Energiemessung in einem Gebäude bedarf es der exakten Maße der in einem Raum befindlichen Gegenstände. Diese werden nach der Kirlianmethode fotografiert. Die Analyse solcher Fotografien läßt schließlich eine Schätzung der kosmischen Energie in dem Raum zu, in dem sie sich befinden.

Behebung geopathischer Störungen

Werden auf einem Grundstück sehr starke geopathische Störungen nachgewiesen, besteht die Möglichkeit, entlang der unterirdischen Erdstrahlen oder Wasseradern Stahlrohrpfosten mit sechs Zentimetern Durchmesser in der Erde zu versenken. Die Strahlung wird durch das sich im Rohr befindliche Vakuum unterbrochen. Die Rohre werden im Abstand von eineinhalb Metern im Boden versenkt. Im Zentrum der Störung werden die Rohre in einem Abstand von nur einem Meter zueinander angebracht.

Unter dem Haus verlaufende Wasseradern durchschneiden dieses und können entsprechend zu einer Spaltung der Familie führen, falls die Schlaf- und Wohnzimmer entlang dieser Ader verlaufen.

Einweihungsrituale

Eine wichtige Rolle bei der Neuerrichtung oder der Grundrenovierung eines Gebäudes spielt ein Brauch, den auch wir mit dem Richtfest pflegen. Unsere ersten Handlungen in einem Gebäude, das wir beziehen wollen, sollten darauf gerichtet sein, Säuberung und Klärung von allen bisherigen Einflüssen zu erwirken und Raum für neue, frische, uns begünstigende Kraft zu schaffen. Zum Einzug gehören Salz, Salbei und Pflanzen. Im Garten werden den gütigen Kräften Blumen und Früchte dargeboten. Anschließend wird im Haus entlang der Wände und in die Ecken jeweils circa ein halbes Kilo grobkörniges Salz ausgestreut. Man läßt es vier Stunden pro Raum liegen, bevor man es sorgfältig entfernt und in den Müll wirft. Berichten zufolge weist das Salz dann oft einen ekelerregenden Geruch auf. Während des Reinigungs- und Säuberungsrituals wird die Hintertüre gekippt. Ätherisches Salbeiöl wird aufgestellt, so daß es in einem Verdunstungsprozeß seine reinigende Wirkung im gesamten Gebäude entfaltet. Möglich ist auch, getrocknete Salbeizweige zu verbrennen und das Haus auszuräuchern. Im Anschluß an diesen Akt werden zwecks Energieaustausch in jedem Zimmer zwei bis drei Pflanzen aufgestellt.

Ein weiteres, sehr angenehmes Ritual, das sich in chinesischer Tradition überliefert hat, besteht darin, Apfelsinen- und Zitronenschalen in einem Behälter zu sammeln und diesen mit Wasser aufzufüllen. Das angereicherte Zitruswasser wird dann unter Verwendung einer Sprühflasche auf den Boden gesprenkelt. Vor dem Einzug ins Haus sollte man vor dem Haupteingang ein großes Feuerwerk zünden. Im neuen Haus schläft man nicht mehr in seinem alten Bett, sondern schafft sich ein neues an, zumindest aber ein neues Laken und eine neue Bettdecke, so daß man ein frisches Gefühl für einen guten Start hat.

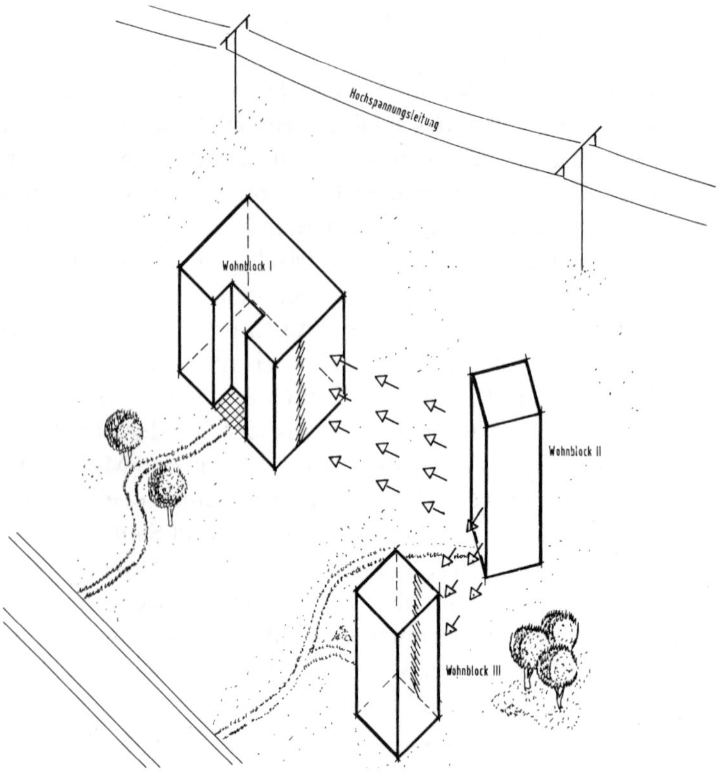

Abb. 2: Standort von Wohnhäusern

Attacken durch Häuserkanten

Abbildung 2 zeigt einen großen Wohnblock I, zu dessen Eingang ein geschwungener Weg führt. Zwei Bäume an dessen Rand verstärken seine energiefördernde Potenz. Die Pfeile zeigen, daß eine Kante des Wohnblocks II die rechte Außenwand des Wohnblocks I attackiert. Hier sollten die Bewohner der

Wohnungen in Block I durch Anbringen von Spiegeln dafür sorgen, daß die geheimen Pfeile nicht in ihren Wohnbereich eindringen können. Eine andere Kante von Wohnblock II sendet schädliche Pfeile gegen die Frontseite von Wohnblock III. Auch hier müssen Abwehrmaßnahmen getroffen werden. Zu vermeiden ist, daß alle drei Wohnblocks sich durch Kanten entsprechend gegenseitig attackieren. Günstig sind die geschwungenen Wege zu den Wohnblocks II und III. Die Baumformation übt eine schützende Wirkung auf Wohnblock II aus.

Hochspannungsleitungen sollten 300 Meter, Telekommasten zwei Kilometer von der Wohnanlage entfernt sein.

Die Straße unterhalb des Bildes führt an ihr vorbei, was sich günstig auswirkt, wohingegen eine T-Kreuzung oder eine Sackgasse schädliches Sha-Ch'i zum an deren Kopf befindlichen Haus führt. In diesem Fall würden ein großer Springbrunnen oder das Haus abschirmende zwei Meter hohe solide Wände oder ein sehr stabiler Sichtschutz Abhilfe schaffen.

Der Eingang des Wohnblocks sollte gen Süden liegen. Auch hier gilt: Wenn man mit dem Rücken zum Eingang steht, sollte rechtsseitig eine Hügelformation, linksseitig ein eher abschüssiges Areal liegen. Ideal wäre zudem, wenn an der Rückseite des Wohnblocks ein Hügel zu schnelles Abziehen des Ch'i vermeiden würde.

Der Wohnblock, in dem sich die zu wählende Wohnung befindet, sollte keineswegs niedriger als umliegende andere Häuser sein, da ihm sonst durch diese Ch'i weggenommen wird. Wichtig ist eine angenehme, ausreichende Ausleuchtung der Wege, die die Bewohner im Haus nicht stören darf.

Geopathische und andere störende Einflüsse auf Wohnungen

Geopathischem Streß in einem Raum, z. B. in einem Schlafzimmer, kann man mit einer einfachen Maßnahme begegnen, die ihn zwar nicht völlig abriegelt, doch die negative Energie erheblich zu mindern vermag: Man sägt von Metallkleiderbügeln den oberen Haken ab, klebte sechs bis acht Bügel übereinander und legt sie in die Raumecken, wo man sie mit Teppichen oder Gegenständen verdeckt. Das bringt eine Effizienz von 40 Prozent. Dieses einfache Hilfsmittel können Sie einsetzen, wenn Sie bemerken, daß in einem Raum die Pflanzen schief wachsen, sich verdrehen oder keine Früchte tragen oder wenn elektronische Geräte ausfallen. (Nebenbei bemerkt schützt ein unter die Wurzeln gesetzter Bergkristall die Pflanzen vor Erdstrahlen.) Gebäude, die starken geopathischen Störungen unterliegen, werden sehr viel häufiger vom Blitz getroffen.

Satellitenschüsseln können einen starken, schädlichen Einfluß auf die Lebenskraft und Gesundheit der Menschen haben. Sie sollten sich daher möglichst im Mindestabstand von zwanzig Metern zu einem Gebäude befinden. Übrigens können Sie leicht herausfinden, welche Stellen in Ihrem Haus oder Ihrer Wohnung eine besonders positive, förderliche Ausstrahlung haben: Beobachten Sie Ihren Hund. Instinktsicher sucht er sich einen »guten« Ort als Schlafstätte aus. Katzen sind auch sehr hilfreich, weil sie Negativzonen als Ruheplatz suchen.

Geopathische Störfelder können auch positive Auswirkungen haben: Bienen produzieren hier mehr Honig, und bestimmte Ameisenstämme fühlen sich von solchen Orten angezogen, die sie emsig reinigen. Gebäude, die ein sehr niedriges Feng-Shui, einen unharmonischen Energiefluß, haben und zudem geopathischem Streß unterliegen, erzeugen verschiedenste chronische Erkrankungen.

Pyramidenenergie

Seit die hohe Energiekonzentration der Pyramiden entdeckt wurde, hat diese Form auch im Westen zunehmend Verbreitung gefunden. Es sollte hier jedoch klargestellt werden, daß nach den Feng-Shui-Regeln die Pyramide eher störend ist, da sie eine zu hohe Energie für die unter ihr lebenden Menschen verursacht, die sogar krankheitserzeugend sein kann. Tatsächlich bewirkt die Pyramide in dem betreffenden Raum einen enorm hohen Energiestand. Unter eine Pyramide gestellte Speisen lassen sich konservieren, stählerne Rasierklingen bleiben scharf, und Mumien haben sich bekanntermaßen unter der Einwirkung pyramidaler Kraft über Jahrtausende erhalten. Gelegentlich erzielen wir gute Ergebnisse in der Kopfschmerztherapie, indem wir Kopfschmerzen mit einem pro Woche dreimal maximal fünf- bis zehnminütigen Aufenthalt unter einer Pyramide behandeln.

Pyramidendächer hingegen haben stark negative Auswirkungen: Die kosmische Energie prallt von außen auf das Dach, steigt nach oben, ohne in das Haus eindringen zu können. Menschen, die unter einem Pyramidendach leben, neigen zu Atemwegs- und Mandelerkrankungen, da im unteren Bereich zu wenig Energie vorliegt und Feuchtigkeit und Schimmel eine dauerhafte gesundheitliche Bedrohung darstellen. Hier können sich Depressionen bis zur Selbstmordtendenz einstellen.

Die Elemente

Die Chinesen unterscheiden zwischen fünf ursprünglichen Elementen – Metall, Wasser, Holz, Feuer und Erde –, denen je unterschiedliche symbolische Funktionen zugeordnet werden. Im Feng-Shui ist das Zusammenspiel der Naturelemente von wesentlicher Bedeutung. Beim Hausbau und bei der Inneneinrichtung wird streng darauf geachtet, daß die miteinander kombinierten Formen und Materialien im Zyklus der Elemente in einem förderlichen Verhältnis zueinander stehen.

Das Holz verbrennt zu Asche, die sich mit der Erde verbin-

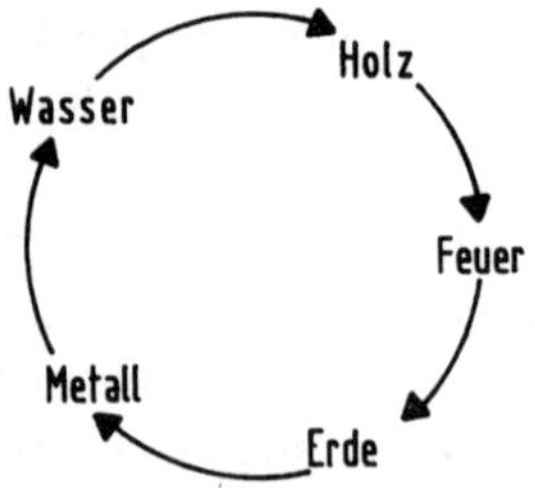

Abb. 3: Aufbauender Zyklus

det, aus der wiederum Metall gewonnen wird, das man schmelzen und wie Wasser fließen lassen kann, welches notwendig ist, um wieder Holz wachsen zu lassen. In dieser Reihenfolge und diesem Nebeneinander stellen die Elemente einen förderlichen, nährenden Kreislauf dar.

Jedem Element ist eine Form, Farbe, Himmelsrichtung und Jahreszeit zugeordnet:

	Form	Himmels-richtung	Farbe	Jahres-zeit
Holz	säulen-förmig	Osten	grün	Frühling
Feuer	spitz	Süden	rot	Sommer
Erde	flach	Zentrum	gelb	–
Metall	rund	Westen	Herbst	
Wasser	unregel-mäßig	Norden	schwarz/ dunkelblau	Winter

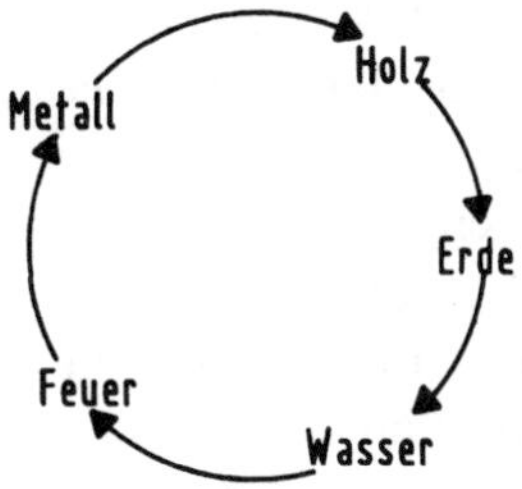

Abb. 4: Zerstörender Zyklus

Neben dem produktiven oder generativen Kreislauf gibt es einen kontrollierenden, aber auch destruktiven: Das Holz entzieht der Erde die Nährkraft, da es wachsen will; die Erde verschmutzt das Wasser; dieses löscht das Feuer, und das Feuer schmilzt das Metall, welches seinerseits das Holz schneidet.

Die Präsenz von Elementen in Wohnräumen

Das Feng-Shui bezieht diese wechselseitigen Einflüsse der Elemente in die Erwägungen ein, welches Material in welcher Umgebung, zu welchem Zweck und in Kombination mit welchem anderen Material eine harmonische und förderliche Umgebung hervorbringt.

Möchten Sie in einem Raum das Wasserelement stärken, was sich insbesondere in einer Umgebung empfiehlt, in der man überwiegend kreativ und kommunikativ ist, so können Sie ein Aquarium oder einen Brunnen aufstellen. Das Feuerelement läßt sich in Form eines roten Wandbehangs, durch Tischdecken, Blumen oder Kerzen, Räucherstäbchen u. ä. einbringen. Aber Vorsicht bei Menschen, die bereits genügend Rotanteil besitzen! Sie sehen sonst rot! Mit Vasen und Tonfiguren stärkt man das Element Erde. Das Holzelement wird durch Pflanzen im Raum repräsentiert und Metall etwa durch Spiegel, Messingstatuen und Metallmöbel.

Auch den Menschen ist nach dem chinesischen Horoskop entsprechend ihrem Geburtsjahr ein Element zugeordnet (siehe Anhang). Wichtig ist bei der Gestaltung der Lebens- und Arbeitsumgebung, daß man sich seines eigenen Elementes bewußt ist, damit man seine Energien nicht von konträren Elementen in der näheren Umgebung »auffressen« läßt.

Falsche Elemente in der Umgebung eines Menschen

In einem Gebäude zu leben, in dem ein dem eigenen Element widriges Element vorherrscht, bedeutet, daß man auf Dauer geschwächt wird. Feng-Shui strebt nach einem harmonischen Neben- und Miteinander der verschiedenen Elemente in einem Gebäude. Wir müssen dieses Gebäude so herrichten, daß jedes einzelne Element in eine es stützende und fördernde Nachbarschaft gebracht wird.

Menschen, die in einer ihrem eigenen Element völlig konträren Umgebung arbeiten müssen, verlieren leicht den Elan und wundern sich, warum sie sich so widerwillig zu ihrer Arbeitsstelle schleppen, obwohl sie doch endlich ihren Traumjob gefunden haben. Beispielsweise werden Feuertypen, deren Arbeitsumfeld durch das Wasserelement charakterisiert ist, in ihrem Antrieb immer wieder gebremst, ihr eigenes Feuer wird gelöscht.

Ein Feng-Shui-Berater kann bei der Analyse der Arbeitsstätte auf die Ursache einer solchen Unlust stoßen und durch eine Reihe fein abgestimmter Maßnahmen die Arbeits- und damit auch die Lebensfreude wiederherstellen. Wenn ein Feuertyp durch geeignete Maßnahmen, etwa durch Pflanzen, die das Feuerelement nähren, unterstützt wird, arbeitet er produktiver.

Feuertypen, die sich überwiegend in einer Metallumgebung befinden, brauchen zur Stärkung das Holzelement, beispielsweise Pflanzen, Grüntöne u. ä. Wassertypen in einem Gebäude mit Erde-Kennzeichen werden durch Wassersymbole wie Wasserfallposter oder Brunnen kräftig unterstützt, noch besser sind Metallelemente, weil sie der Erde liebevoll Kraft entziehen und das Wasser stärken (Fütterungszyklus/Fünf Elemente).

Asiatische Erfahrungen zeigen, daß bei der Beachtung dieser Elementelehre in einem Betrieb die Produktivität nachweislich steigt und krankheitsbedingte Ausfälle seltener werden.

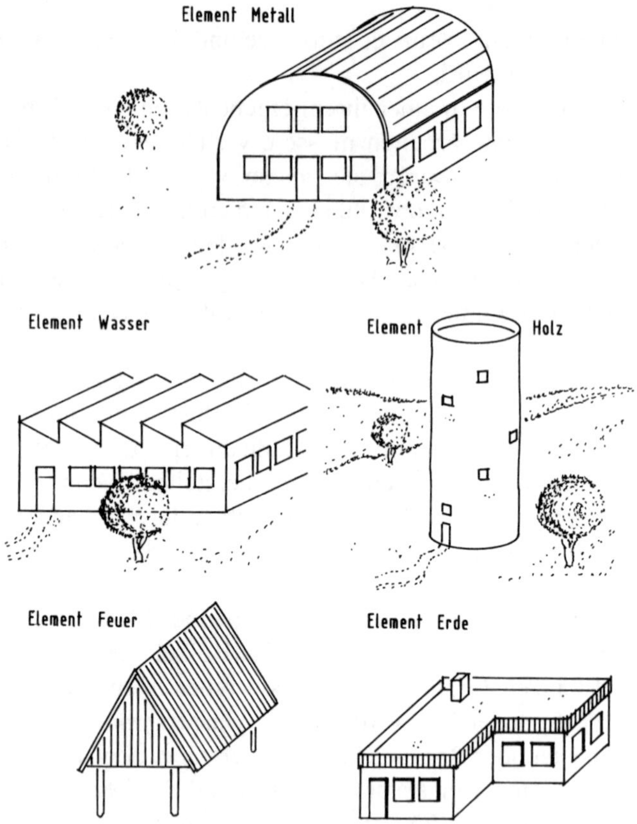

Abb. 5: Gebäudeformen nach den Elementen

Elemente von Gebäudeformen

Auch hinsichtlich der Gebäudeformen enthält das Feng-Shui eine Lehre von der Verwandtschaft der einzelnen Elemente.

Die dem Element Metall zugehörige Häuserform ist durch eine runde, gewölbte Dachform gekennzeichnet. Für das Element Wasser sind unregelmäßig überdachte Gebäudeformen typisch, wie sie häufig bei Industriekomplexen anzutreffen sind. Da die Elemente sich nicht gegenseitig behindern dürfen, sollte in einer mit Feuer arbeitenden Fabrik die Gebäudeform keinesfalls Wassersymbolik aufweisen. Hier würde nur kontraproduktiv und auf Dauer mit Verlusten gearbeitet.

Das Element Holz stellt sich entsprechend seiner Materialisation im Baum durch eine runde, hohe Form dar, etwa in einem Turm.

Spitze Dachformen symbolisieren Feuer, während niedrige Flachbauten dem Element Erde zuzuschreiben sind.

Grundstücks-, Häuser-, Tür- und Fensterformen

Grundrißformen

Die chinesische Harmonielehre unterscheidet zwischen guten und mangelhaften Formen. Grundstücke oder Haus- und Wohnungsgrundrisse sind unproblematisch, wenn sie quadratisch, achteckig oder rechteckig sind. Auch runde und ovale Grundformen sind positiv. Andere Formen, etwa die als unvollständiges Rechteck zu betrachtende L-Form, oder auch ein Dreieck, erfordern Hilfsmaßnahmen, die aus der negativen Grundsituation eine förderliche Energie machen können. Zäune, Gehwegsplatten und Gartenanlagen helfen dabei, den fehlenden Teil zu einer quadratischen oder rechteckigen Grundstücksform zu simulieren.

Bei einem L-förmigen Gebäude kann das fehlende Eck durch eine Peitschenlampe ergänzt werden. Die Lichtquelle wird auf Höhe der Dachrinne angebracht, muß aber nicht unbedingt am Stromnetz angeschlossen sein. Andersfarbige Klinkersteine oder Mauern können genauso eine Erweiterung und damit Vollendung des fehlenden Anteils des Gebäudes darstellen. Auch eine Lampe an der Ecke kann hier gute Dienste leisten. Bei einem U-förmigen Gebäude müßte entsprechend im Inneren des U eingegriffen werden.

Dreieckige Formen sind wegen der nach außen gerichteten spitzen Winkel zu vermeiden. Auf einem Grundstück mildert man die aggressive Wirkung durch Bepflanzungen in den Ecken ab; in einem dreieckigen Raum kann man Abhilfe durch Eckregale schaffen. Zusätzlich sollte man Orte, an denen man sich – wie z. B. im Bett – viel aufhält, durch einen Paravent schützen.

Fenster

Nach Feng-Shui bedeuten die Tür- und Fensteröffnungen für das Haus das gleiche wie für den Menschen die Körperöffnungen. Ein Haus ist ein Wesen mit einem eigenen Stoffwechsel, das einen Mund und einen After, Vordereingang und Hinterausgang, braucht. Fenster und Türen trennen das Ch'i des inneren Bereiches vom äußeren. Sobald das Ch'i eingeatmet wird, kann es in idealer Weise von Wänden, Rundungen, Pflanzen, Möbeln von Raum zu Raum geleitet werden. Die Bewohner sind sozusagen die Organe des Hauses. Sie werden von einem gesunden, ausgeglichenen Ch'i-Fluß genährt, aus dem sie ihre Leistungsfähigkeit beziehen. Die Fenster werden als Augen angesehen. Daher ist es ungünstig, wenn diese Fenster-Augen zu viele Unterteilungen haben, so daß sie die herein- und hinausströmende Kraft zu stark zersplittern. In gleicher Weise wirken zersprungene Fensterscheiben.

Abb. 6: Fensterformen

Abbildung 6 (S. 43) zeigt links oben ein rechteckiges, modernes Fenster mit einem geschwungenen Oberlichtfenster. Aus Feng-Shui-Sicht ist gegen dieses Fenster nichts einzuwenden, auch wenn eine quadratische Form vorzuziehen wäre. Das rechte Fenster gleicher Grundform hat ein mehrfach unterteiltes Oberlicht, das das hinein- oder auch hinausfließende Ch'i zu stark teilt. Auch mit besten Feng-Shui-Maßnahmen läßt sich dieser Mangel nicht beheben. Die einzige Möglichkeit ist das Austauschen des Sprossenoberlichts gegen ein einfaches Oberlichtfenster ohne Unterteilung.

Das linke untere Fenster ist nach Feng-Shui-Kriterien ideal aufgrund seiner quadratischen Form und des regelmäßigen Fensterkreuzes, welches das Fenster wiederum in vier Quadrate unterteilt, so daß die Energie gleichmäßig in den Raum hinein- und aus ihm wieder hinausfließen kann.

Das rechte untere Beispiel stellt einen besonderen Fall dar: Das rechteckige Fenster wird durch ein unregelmäßiges Fensterkreuz aufgeteilt. Das Passionskreuz ist die im neunten Jahrhundert nachträglich veränderte Form des symmetrischen Urkreuzes. Unserer Thymusdrüse und unserem Immunsystem wird dadurch Kraft entzogen, es läßt sich aber durch das Anbringen von (Weihnachts-, Oster-) Kränzen und Kreisen vor der Kreuzstruktur neutralisieren.

Drei oder mehr Fenster in einer Reihe nebeneinander sind ungünstig. Das Ch'i wird hier zu schnell weitergeleitet. Diese zu schnell vorbeifließende Energie teilt sich auch den Bewohnern mit, die sich in Fraktionen spalten oder emotionale Blockaden errichten. Auch materielle Folgen machen sich bemerkbar, da das Geld dem Haushalt zu leicht verlorengeht. Abhilfe gegen zu schnell fließendes Ch'i und starke Zugluft sind Stellwände, die idealerweise zwischen den Fenstern und Türen aufgestellt werden.

Einander gegenüberliegende Fenster, wie man sie häufig als

Panoramafenster in einem großen Wohn- oder Eßzimmer findet, bewirken Unruhe und ein zu schnelles Entweichen des Ch'i aus dem Raum. Wenn man sich lange in einem solchen Raum aufhält, empfindet man ein Gefühl von Unbehagen.

Hingegen erschöpft sich in fensterlosen Räumen, wie begehbaren Schränken und Vorratskammern, schnell die positive Wirkung des Ch'i.

Türen

Wichtig ist, daß die Größe der Eingangstür den Proportionen des Hauses entspricht. Eine zu kleine Tür ist wie ein zu kleiner Mund, der dem Körper nicht ausreichend Nahrung zuzuführen vermag. Hier kann nur Abhilfe geschaffen werden, indem die Tür vergrößert wird. Ist hingegen die Tür zu groß und gelangt zu schnell fließendes Ch'i ins Haus, so bremst man dieses durch ein in den Flur gehängtes kleines Windspiel (zwanzig Zentimeter Vollrohrlänge), das aber nicht zu nahe an der Tür befestigt sein darf (Abstand mindestens ein Meter).

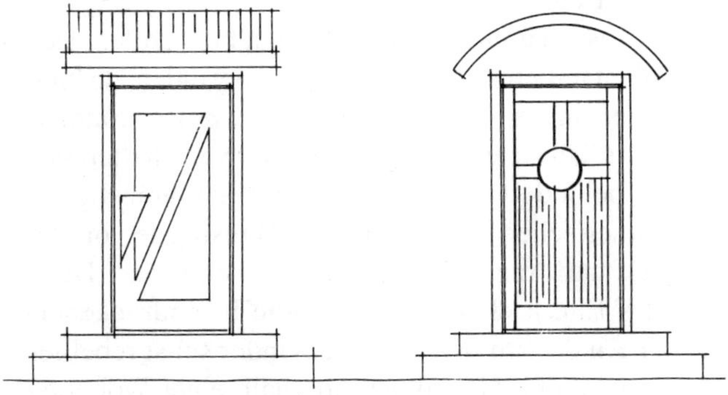

Abb. 7: Tür ohne und mit Abhilfe

Die linke Tür in Abbildung 7 (S. 45) ist gekennzeichnet durch dreieckige Formen, deren Spitze die hereinfließende Ch'i-Kraft wie auch die Energie des Eintretenden zerschneidet. Der gläserne Türeinsatz bietet keine ausreichende Trennung zwischen innen und außen. Die Form des Türgriffs und des eckigen Vordachs wirkt sich ebenfalls zerstörerisch auf das Ch'i aus. An dieser Tür läßt sich aus Feng-Shui-Sicht kein harmonisierender Ausgleich schaffen.

Hingegen konnte die rechte Tür durch den Kreis vor dem Türkreuz sowie ein abgerundetes Vordach harmonisiert werden. Sie läßt das Ch'i gekräftigt hineinfließen.

Eingangstüren sollten sich nach innen, möglichst in einen größeren Vorraum, öffnen lassen. Öffnet sich die Eingangstür zu einer Wand hin und hemmt somit das Ch'i des Eintretenden, sollte man die Energie durch Fächer in den Raum weiterleiten.

Türen sollten sich ohne Anstrengung öffnen lassen. Wenn man sich mit der ganzen Körperkraft gegen eine Tür stemmen muß, um diese aufzubekommen, wird die eigene Körperenergie zu stark verbraucht. Quietschende Türangeln vertreiben das Ch'i und greifen das der Bewohner und vor allem deren Nerven an. Hier kann man zumeist mit einigen Tropfen Öl schnelle Abhilfe schaffen.

Liegen zwei Türen einander gegenüber, sollen sich ihre Klinken nicht auf einer gedachten Linie befinden, da hierdurch Streitigkeiten in der Familie ausgelöst werden können. Eine abgeschrägte Tür in einer tragenden oder verschalten schrägen Dachwand behindert den Ch'i-Fluß und ist ungünstig.

Laut chinesischer Lehre hängt der Hausfriede von der relativen Größe und Anzahl der Türen und Fenster ab. Die Größe der Tür des Elternschlafzimmers sollte beeindruckender sein als die der Kinderzimmer, weil die Kinder sonst rebellieren.

Unterschiedliche Türgrößen innerhalb einer Wohnung sollten Größe und Bedeutung der jeweiligen Zimmer widerspiegeln. Kleinere Türen sind angemessen für Badezimmer, WCs, Kammern und die Küche, während zu Wohn- und Schlafzimmer die größeren Türen führen sollten. Andernfalls werden die Bewohner der Wohnung verwirrt und verlieren die Wertigkeit bestimmter Tätigkeiten aus dem Blick: Eine zu große Badezimmertür etwa könnte dazu führen, daß man sich unangebracht häufig im Bad aufhält und eitel wird.

Eingänge von Geschäften und Privathäusern

Ein- und Zugänge zu Häusern bestimmen mit darüber, ob ein Haus mit starker kosmischer oder aber schädlicher Energie angefüllt wird. Ein gerader Weg führt zwangsläufig Sha-Ch'i mit sich, und zwar je länger der Weg, desto mehr Sha-Ch'i und desto schneller wird dieses zum Haus transportiert.

Auf Abbildung 8 ist durch Pfeile dargestellt, auf welchen Wegen sich die Energie in die Gebäude hineinbewegt.

Die schräg auf die Geschäftsstraße zuführende Straße oben rechts zielt, ebenso wie die darunter verlaufende Straße, auf die jeweils gegenüberliegenden Häuser. Da hier keine mildernden Bremsen in Form von Straßenschildern, Bäumen o. ä. vorgesehen sind, prallt Sha-Ch'i mit voller Wucht auf die ungeschützten Häuser. Hier sind starke flankierende Maßnahmen erforderlich: hohe Büsche vor den betroffenen Häusern (auch wenn diese wiederum positives Ch'i von dem Haus fernhalten können), besser noch Werbetafeln in der Biegung, die auf ihrer Rückseite berankt oder durch eine auf das Geschäft hinweisende Reklame verschönt sind. Eine berankte Pergola in der Straßenrundung hätte zudem nicht nur energetisch sehr positive Auswirkungen auf diese Ecke, sondern auch ästhetische Vorteile, ebenso ein nahe vor dem attackierten Haus aufgestellter Brunnen, der dessen reduzierte Energie auflädt.

Auch der untere Bildbereich zeigt ungünstige Anordnungen, die sich vor allem durch spitze Kanten ergeben. Je größer ein Haus, desto aggressiver wirken seine als geheime Pfeile agierenden Kanten auf die schräg gegenüberliegenden Gebäude, die von ihnen getroffen werden. Der große Gebäudekomplex unten rechts attackiert das Geschäft diagonal über den Platz. Der vor dem Eingang stehende Baum mit seinem langen, un-

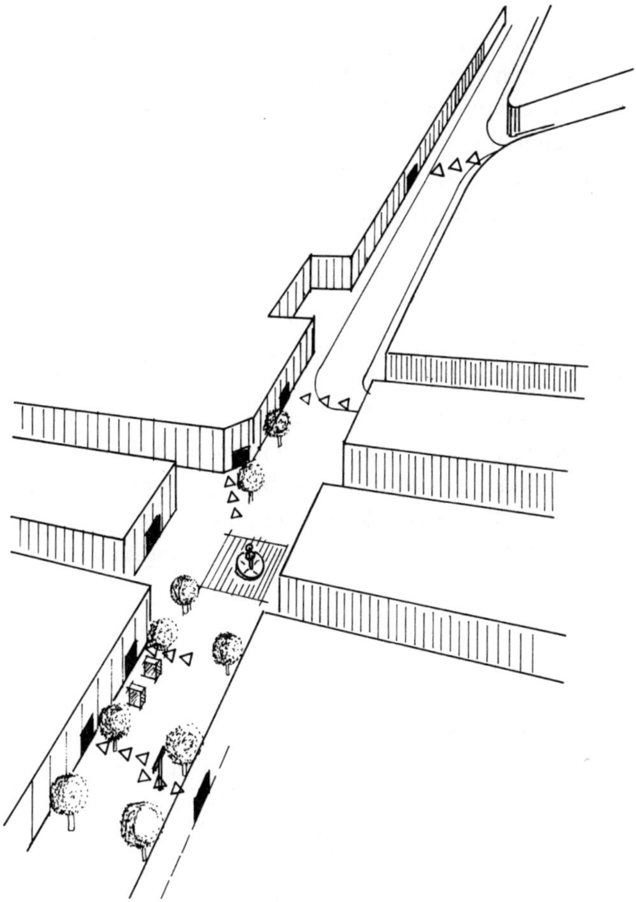

Abb. 8: Geschäftsstraße

bewachsenen Stamm attackiert den Eingang zusätzlich. Hier müßte man die den Laden treffende, schneidende Wirkung des Baumstamms durch einen Parabolspiegel ablenken und zugleich die angreifende Gebäudekante durch Anbringen einer Lichter- oder Reklamereihe entschärfen.

Weitere geheime Pfeile lassen sich unten links im Bild nachweisen. Sie gehen von Baumstämmen oder Straßenschildern aus, die direkt vor einer Tür- oder Fensteröffnung stehen, vor denen Spiegel angebracht werden sollten. Vor dem einen Geschäft sind zwei Schaukästen aufgestellt, von denen der eine den Eingang ungünstig zerschneidet. Spiegel und ein innen aufgestellter Paravent können hier Abhilfe schaffen; besser noch sollte der ganze Kasten zum Baum hin verschoben werden. Bei der hier dargestellten Konstellation gelangt keine Kraft in den Laden, so daß auch keine Kunden angezogen werden. Die Leute werden von den Schaukästen aufgehalten. Sie bleiben draußen stehen und kaufen nichts.

Positiv gelegen ist hingegen das Geschäft in dem zurückversetzten Gebäude. Es wird von keinen geheimen Pfeilen attackiert und profitiert von der Kraft auf dem vor ihm liegenden großen freien Platz, der idealerweise einen Springbrunnen hat.

Abb. 9: Geschäftsstraße – Ausschnitt

In dieses Geschäft werden die Leute geradezu hineingezogen und dort zum Kauf animiert.

Der Ausschnitt aus einer Geschäftsstraße in Bild 9 verdeutlicht die schneidende Wirkung von Laternenmasten oder Bäumen, wenn sie vor einer Tür oder einem Fenster stehen. Das Ch'i, das in das Haus gezogen werden soll, wird zerteilt und verliert seine positive Bedeutung. Abhilfe kann hier, wie oben beschrieben, durch Bepflanzung, Paravents sowie Verwendung des Metallelementes in Form eines Parabolspiegels geschaffen werden, der andere Gebäude aber nicht direkt widerspiegeln darf, sondern zum Boden zeigen sollte. Zierleisten oder eine Verschiebung der irritierenden Elemente erfüllen die gleiche Funktion.

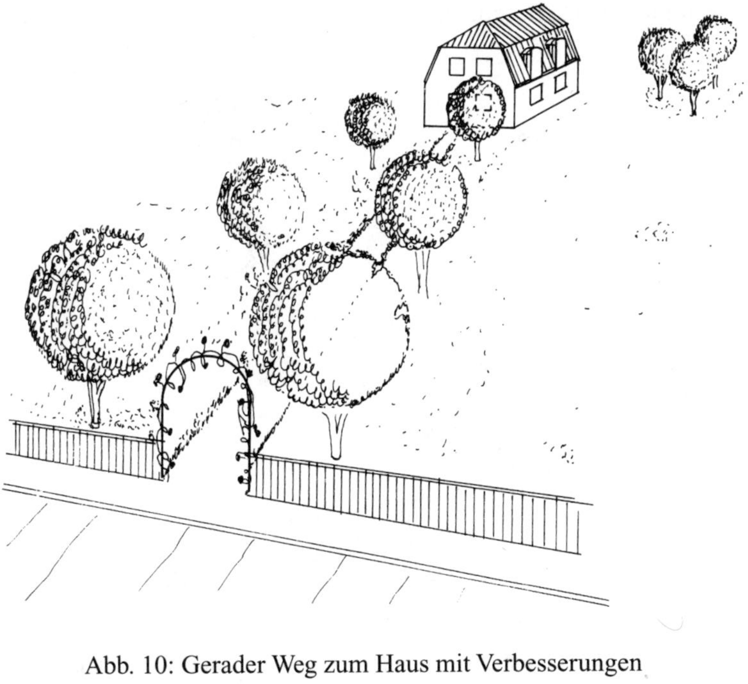

Abb. 10: Gerader Weg zum Haus mit Verbesserungen

Abbildung 10 zeigt eine Anlage, die durch den geraden Weg, der negatives Sha-Ch'i zum Haus hinzieht, ursprünglich ungünstig gestaltet war. Um diese schlechte Anziehung abzuschwächen, kann man das Grundstück mit einem Gartenzaun umgeben und den Eingang mit einem Rosenspalier versehen. Entlang des Weges gepflanzte Bäume halten das Sha-Ch'i auf und unterstützen statt dessen einen harmonischen, leicht wellenartig verlaufenden Ch'i-Fluß. Die Baumgruppe ist zum Haus hin schützend gruppiert, ohne das Haus zu attackieren.

Der leicht geschwungene Zugang zum Haus, wie er in Abbildung 11 dargestellt ist, führt automatisch positive kosmische Energie ans Haus heran. Die beiden den Eingang flankierenden Bäume sowie die einzeln auf der Wiese verteilten regen den

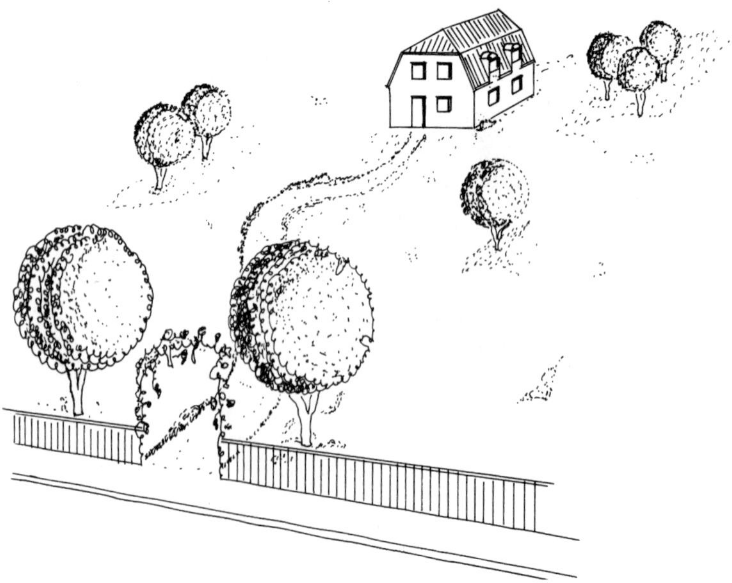

Abb. 11: Günstiger Zugang zu einem privaten Wohnhaus

Ch'i-Strom um das Haus herum und auf dem gesamten Grundstück an und machen dieses zu einem fruchtbaren Ort, an dem Pflanzen aller Art gedeihen.

Besonders breite Wege können zuviel Ch'i mit sich führen. Durch geeignete Maßnahmen (Bäume, Hecken, Paravents, Spaliere) kann man sie verschmälern.

Grundsätzliche Überlegungen zu Eingangstüren

Haustüren, die auf einen Berg gerichtet sind, bedeuten für die Bewohner ein wenig erfolgreiches Leben. Haupteingänge und Treppen sollten nicht in Richtung der untergehenden Sonne zeigen, denn dadurch wird der Wohlstand des Hauses verringert.

Einem chinesischen Astrologiekalender zufolge ist jedem Geburtsjahr – nach Geschlechtern getrennt – eine bestimmte Himmelsrichtung zugeschrieben. Glück und Gedeihen lassen sich in einem Haus verstärken, wenn die Himmelsrichtung des Eingangs mit der Himmelsrichtung des Hauptbewohners übereinstimmt. Diese muß von einem chinesischen Astrologen berechnet werden.

Der Eingang dient dem Schutz vor der Außenwelt und stellt zum Wohle der Bewohner wie der Besucher eine Schwelle zur Innenwelt dar. Ein Eingang sollte im wahrsten Sinne des Wortes einladend wirken: hell, geräumig, freundlich. Ein kleiner, dunkler, enger Eingang zum Wohnbereich lädt nur wenig Ch'i ein. Mit der Zeit kann man beobachten, wie die Bewohner schüchtern werden und sich im Extremfall negativ, ja bis zur Selbstzerstörung hin entwickeln. Ein breiter, heller Flur als Eingang hingegen erzeugt ein leichtes, glückliches Gefühl; er ermuntert den Geist und regt ihn zu unbeschwerter, konstruktiver Kreativität an.

Eingeengte Eingänge werden durch innen über der Tür angebrachte Flöten gestärkt, blühende Blumen links und rechts neben der Tür ziehen kosmisches Ch'i an.

An einer erdrückenden Wand gegenüber einer Eingangstür bringt man am besten ein helles Bild an. Ch'i wird durch helles Flurlicht ins Haus hineingezogen. Tauschen Sie eine verbrauchte Glühbirne nie gegen eine schwächere aus, die Wattzahl sollte gleichbleibend oder aber höher sein.

Vor der Eingangstür sollten sich draußen möglichst keine Blockaden in Form von Laternen, Hochspannungsmasten, Dachfirsten oder anderen größeren Türen befinden. Falls doch Störungen dieser Art das Haus bedrohen, kann man kleine Parabolspiegel ins Fenster stellen, die die attackierenden Formen reflektieren.

Eingangstüren sollten immer diagonal zur Hintertür angeordnet sein. Bei sich gegenüberliegenden Hinter- und Vordertüren ebenso wie bei einander gegenüberliegenden Fenstern zieht das gesamte Ch'i durch den Flur beziehungsweise durch das Zimmer hindurch und geht kaum genutzt verloren, was bei den Bewohnern zu Müdigkeit, Antriebsschwäche und Gesundheitsproblemen führt. Eine kleine Abhilfe schafft man durch das Anbringen von Windspielen und zwei jeweils links unten und rechts oben angebrachten Spiegeln.

Häuser ohne Hintertüren können durch ein Bild von einer Hintertür oder die Vergrößerung eines Fensters zu einer Art hinterem Ausgang energetisch gestärkt werden.

Drehtüren bei Geschäften

Eine besonders positive Wirkung haben Drehtüren am Eingang eines Geschäftes. Sie sollten sich im Uhrzeigersinn zur Kasse hin drehen. In dem Drehkreisel der Tür sollten drei Unterteilungen sein, nicht jedoch vier oder fünf.

Befindet sich auf der Linie der Eingangstür an der anderen Raumseite ein Fenster, so kann durch einen Paravent oder eine Energiekarte ein zu schnelles Durchziehen der Energie aufgehalten werden. Eine der Eingangstür gegenüberliegende WC-Tür benötigt einen Spiegel, damit die Strömungen beider Räume sich nicht vermengen.

Günstige Lage der Eingangstür

- für Kanzleien, Arztpraxen, Krankenhäuser, Transportunternehmungen: im Norden oder Osten;
- für Steuerberater, Finanzierungsunternehmen, Banken, Architekturbüros: im Nordwesten oder Südosten;
- für Import-, Exportfirmen, Handelsunternehmen: im Norden oder Osten;
- für Lebensmittelgeschäfte und Wirtshäuser: im Norden oder Südosten.

Treppenhäuser, Flure, Dielen

Treppen stellen die energetischen Leitbahnen innerhalb eines Hauses dar; ihnen kommt die Aufgabe zu, das Ch'i von einem Stockwerk ins nächste zu pumpen. Sie sollten nicht zu eng dimensioniert sein. Ideal sind runde, geschwungene Treppen, die in die Eingangshalle münden. Treppen sollten nicht direkt hinter der Eingangstür angelegt, sondern zum Eingang versetzt sein, das gilt für ein Wohnhaus ebenso wie für die Rolltreppen in einem Kaufhaus. Eine in einen höheren Stock hinaufführende Treppe benötigt an der nächsten Treppenwand einen Spiegel, damit das hinaufgeführte Ch'i um- und weiter nach oben gelenkt werden kann. Die Anzahl der Treppenstufen sollte immer ungerade sein, um Glück ins Haus zu ziehen.

Öffnet sich ein Hauseingang direkt auf eine Wohnungstür hin, so muß die darauf treffende Energie mittels Spiegel umgelenkt werden. Auch vor Glasfenstern in einem Treppenhaus gilt es, durch Milchglas, Spiegel oder Pflanzen den Energiefluß umzulenken.

Man sollte spitze, eckige Geländer vermeiden, da sie den Ch'i-Fluß zerteilen.

Schlecht beleuchtete Gänge mit niedrigen Decken unterdrücken das Ch'i und hemmen seinen Lauf. Lichtzufuhr und Springbrunnen schaffen Verbesserung.

Lange gerade Flure und Gänge, wie es sie besonders in großen Bürohäusern, aber auch beispielsweise in Krankenhäusern oder Apartmentkomplexen gibt, bergen die Gefahr, daß in ihnen Sha-Ch'i entsteht und transportiert wird. Sie erfordern eine Reihe von Maßnahmen, um negative Energie zu vermeiden.

Sie haben zudem einen ungünstigen, spaltenden Effekt auf die Beziehungen der beiderseits des Korridors befindlichen

Bewohner. Dies kann sich besonders kraß in einem Privathaus auswirken, wo die Bewohner der einen Seite zu Gegenspielern der gegenüberliegenden Seite werden können.

Häufig weisen lange Korridore eine Reihe von Unterteilungen durch Deckenbalken auf. Hier kann die Energie nicht weitertransportiert werden und zum Ende des Korridors gelangen. Die Balken wirken wie scharfe Kanten und schneiden das Ch'i durch, das spätestens nach vier Balken keine Kraft mehr besitzt. Abhilfe schafft man in diesem Fall bis zu einer Höhe von vier bis fünf Metern, indem man Flöten an jedem Deckenbalken anbringt, ansonsten hilft nur ein Abhängen der Decke durch Stoff oder Platten.

In Abbildung 12 (S. 58) ist der Eingang aufgrund der abgeschrägten Stufen sowie der rechts und links plazierten Pflanzen nach Feng-Shui-Gesichtspunkten förderlich und zieht positive Energien in das Haus hinein. Man sollte allerdings sicherstellen, daß der Winkel zwischen den Pflanzen und Fenstern keine Attacke auf letztere bedeutet. In dem gewählten Beispiel wäre es angeraten, in das kleine WC-Fenster einen Spiegel zu stellen, um Angriffspfeile abzuwehren. Innerhalb des Hauses wurde in der Ecke vor dem WC links von dessen Tür an der Wand ein Spiegel angebracht, damit die Energie sich dort nicht fängt, sondern zurück in den Flur beziehungsweise in die gegenüberliegende Küche geschoben wird. Zwei über deren Eingangstür angebrachte Flöten unterstützen diese Bewegungsrichtung. Gleichermaßen ziehen Flöten auch in das angrenzende Eßzimmer positive Energie hinein. Ein an der rechten Flurwand angebrachtes Wasserfallbild dient der Ch'i-Verstärkung. Der Eingang zum Wohnzimmer braucht keine besonderen Maßnahmen, da er aufgrund seiner der Haustür gegenüberliegenden Position ohnehin die Energie an sich zieht.

Als zusätzliche Maßnahmen sind in den Ecken angebrachte farbige Bänder sowie ein nahe der Treppe aufgestellter Brun-

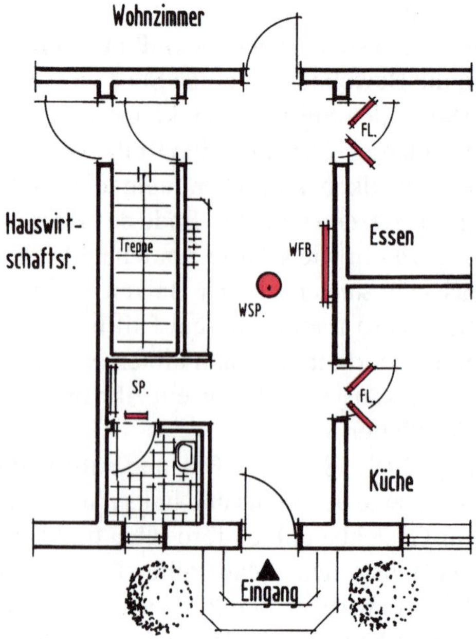

Abb. 12: Flur in einem Privathaus

nen denkbar, durch die das Ch'i leichter nach oben fließen könnte. Damit die ins Haus gezogene Energie nicht »hindurchrennt«, ist der Flur durch ein Windspiel in etwa halber Höhe unterteilt.

Die perspektivische Darstellung auf S. 59 vermittelt die umfassenden Möglichkeiten, Feng-Shui-Mittel in einem langen Flur einzusetzen. Zunächst fällt der Spiegel gegenüber dem durch eine zweiflügelige Tür abgetrennten Flur auf: Der Spiegel verhindert, daß zuviel Ch'i durch die geöffnete Tür aus dem Gang hinauszieht. Ein weiterer Spiegel gegenüber der kleineren ersten Tür rechts vergrößert diese und schafft optisch eine Annäherung zur größeren Tür schräg gegenüber.

Der Brunnen auf der linken Seite verstärkt das hereinströ-

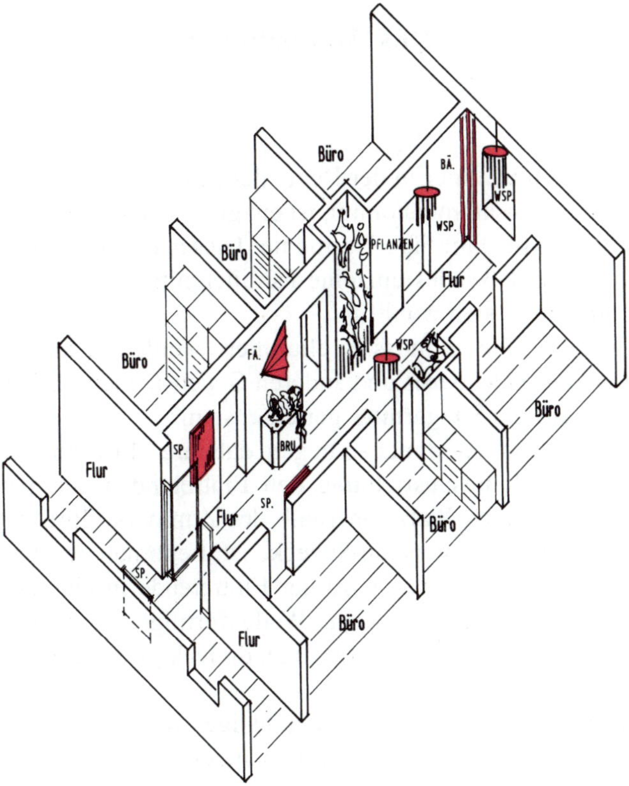

Abb. 13: Flur in einer Büroetage

mende Ch'i, das vom darüber angebrachten Fächer aufgenommen und weiter in den Gang verteilt wird. Für eine harmonische Energiebewegung sorgen drei Windspiele, wobei das Windspiel vor dem Fenster zusätzlich verhindert, daß zuviel Ch'i nach draußen entweicht. Die Ecken wurden in diesem Flur nicht als Garderoben verwendet, sondern mit Pflanzen gefüllt, da sich ansonsten leicht Sha-Ch'i in ihnen bildet. In den Gangecken sind zudem Bänder angebracht.

Das Wohnzimmer

Da das Wohnzimmer in der Regel der zentrale Ort ist, an dem die Familie zusammenkommt, ist ein gutes Feng-Shui hier Voraussetzung für familiäre Harmonie. Dieser Raum muß so gestaltet sein, daß jedes einzelne Familienmitglied seinen Platz hat, an dem es sich wohl fühlt.

Geheime Pfeile müssen eliminiert werden. Kanten von Schränken, Sideboards und anderen Gegenständen dürfen keinesfalls auf die Sitzgarnitur gerichtet sein.

Teppiche sollen immer so liegen, daß ihre Musterung beziehungsweise Längsausrichtung den Eintretenden automatisch zu dem zentralen Platz innerhalb des Zimmers führt, der im Wohnzimmer meistens die Sitzecke ist. Legt man den Teppich schräg zur Eingangstür, wird der Eintretende in eine andere, beliebige Richtung gezogen. Wellenförmige Teppichmuster verwirren leicht, und kreuzförmige, dreieckige attackieren den Betrachter.

Bild 14 stellt ein energetisch günstiges Wohnzimmer dar, in dem einige Feng-Shui-Maßnahmen angewandt sind. Seine Tür und die Fenster befinden sich nicht an gegenüberliegenden Wänden, das heißt Ch'i zieht nicht durch, sondern kann kreisen. Hierbei helfen die abgerundeten Kanten der Regale und des Tisches, in den Ecken angebrachte Bänder, Windspiele vor den Fensteröffnungen und ganz besonders der von zwei Pflanzen flankierte Brunnen in der rechten unteren Zimmerecke. An dieser Seite wird die Sitzecke durch diese Maßnahmen vor geheimen Pfeilen geschützt; auf der anderen Seite wird die von der Zimmerecke ausgehende Aggression von den Bändern und einer hohen Pflanze neutralisiert.

Die Kanten der Sitzgarnitur weisen nicht auf die darauf Sit-

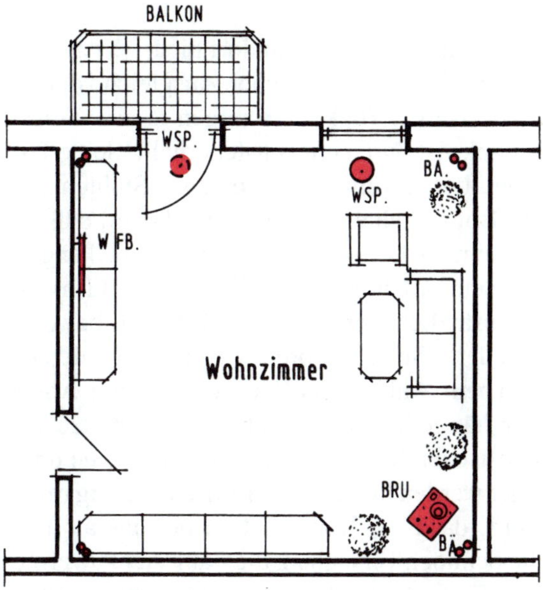

Abb. 14: Quadratisches Wohnzimmer

zenden, die sowohl vom Sessel als auch von der Couch her die Tür im Blick haben. Gegenüber der Sitzecke hängt über dem Sideboard ein Wasserfallposter, das der Raumatmosphäre einen weiteren Energieschub vermittelt.

Der Grundriß eines Wohnzimmers (Abbildung 15, S. 62) ist in modernen Wohnhäusern häufig anzutreffen und wurde hier möglichst günstig eingerichtet.

Das rechts neben der Eingangstür befindliche Regal mit abgeschrägten Seitenwänden rundet die Zimmerecke harmonisch ab. Der energetische Umfluß wird durch den über dem Regal angebrachten Fächer, Bänder in den Ecken sowie über einem Sitzplatz an der rechten Wand befestigte Flöten sichergestellt. Der ovale Couchtisch ist kantenfrei, die beiden Ecken rechts und links vom Fenster hinter der Sitzecke sind durch

Pflanzen entschärft, so daß man dort nicht von geheimen Pfeilen bedroht wird. Für energetischen Ausgleich vor dem Fenster beziehungsweise der Balkontür sorgen je ein Windspiel. Der Eßbereich links ist durch ein Fenster erhellt. Seine Tischkanten wurden abgerundet. Zumindest von zwei Stühlen aus hat man die Tür im Blick. Achten Sie übrigens darauf, daß Ihr Eßtisch nicht unter einem Deckenbalken steht: Laut Feng-Shui wird Ihnen in einem solchen Fall verliehenes Geld nie zurückgezahlt, und zusätzlich geht Ihnen und Ihren Mitbewohnern Geld auch auf andere Weise verloren. Übrigens würde ein Chinese Unbehagen beim Anblick der Eßecke verspüren. Ahnen Sie den Grund? Er hängt mit der Anzahl der Sitzplätze zusammen. Nach chinesischer Numerologie ist die Vier eine unglückliche Zahl. Leider werden hierzulande Eßtische häufig mit vier Stühlen verkauft, da diese Konstellation bei uns als normal gilt. Man sollte dennoch versuchen, die Zahl Vier zu vermeiden und statt dessen fünf oder noch besser acht Stühle zu verwenden.

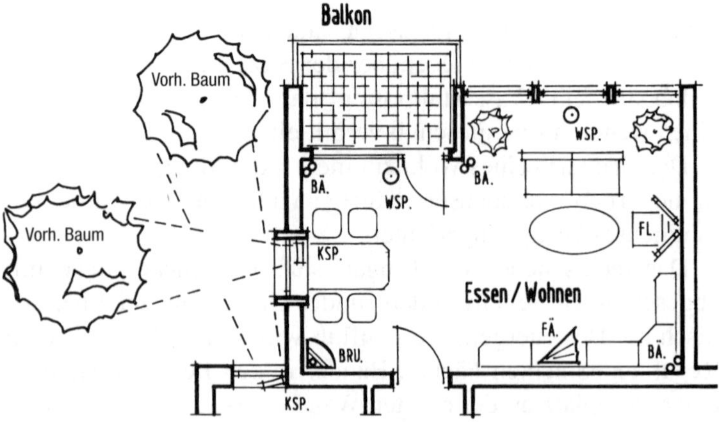

Abb. 15: Wohn-Eß-Zimmer in einem modernen Wohnhaus

Die beiden Bäume an der linken Seite attackieren gleich zwei Fenster. In beiden Fällen wurde ein Vergrößerungsspiegel angebracht, um das eindringende Bild des Baumstammes, der als versteckter Pfeil wirkt, nach draußen auf die Erde zurückzuwerfen.

Der Raum in Abbildung 16 (S. 64) hat einen achteckigen, idealen Grundriß, der durch ein Schrägregal links an der Eingangsseite und zwei Eckregale neben der Tür bewerkstelligt wurde. Die bekannten Feng-Shui-Voraussetzungen zur runden Ch'i-Führung – abgerundete Schrank-, Regal-, Tischecken, Windspiele vor den Fenstern, Pflanzen – sind erfüllt. Zudem verfügt dieses helle Zimmer durch seinen großen, inmitten des Raumes gelegenen Brunnen über eine so kräftige Energiequelle, daß man vor der Hintertür zur Terrasse auf ein Windspiel verzichten kann. Auch wenn an dieser Stelle Ch'i entweicht, entsteht genügend neues durch den Brunnen. Er bannt überdies die Durchzugsgefahr, die durch die einander gegenüberliegende Anordnung von Tür und einem Fenster entsteht. Leicht verbesserungsfähig ist die Lage der Sitzecke, da man nicht von jedem Platz aus problemlos den Eingang erkennt.

Die runde Eßecke links im Raum verfügt leider über vier Plätze, von denen aus der Eingang überblickt werden kann. Ungünstiger sitzt man auf den zwei gestrichelt dargestellten Stühlen.

Farben im Wohnzimmer

Mit zarten Bleu- und Lindtönen schafft man im Wohnzimmer gute Voraussetzungen für Entspannung. Sehr günstig wirkt sich der Blick hinaus auf einen grünen Garten aus. Ansonsten sollte man mit Farbanwendungen entsprechend des persönlichen Elementes agieren, beispielsweise wird dem Erdelement durch Grünpflanzen Kraft entzogen. Bei mehreren Familienmitgliedern empfiehlt es sich, die Konstellation aller Personen zueinander zu berücksichtigen. Ist diese zu problematisch, da zum Beispiel alle zu konträr zueinander sind, ist es gut, die Farbwahl kinesiologisch auszutesten.

Große Behaglichkeit schafft ein apricotfarbener Wandanstrich. Falls Sie im Wohnzimmer elektrische Geräte, insbesondere einen Fernseher haben, sollten Sie den von ihm ausgehenden Elektrosmog durch einen türkisfarbenen Hintergrund neutralisieren.

Ansonsten raten wir dazu, für das Wohnzimmer diejenigen Farben zu wählen, die den eigenen Vorlieben und Bedürfnissen entsprechen. Den Fernseher und Videorecorder immer in Fensternähe aufstellen, auf der Drachenseite, nicht auf der Tigerseite, damit der Elektrosmog abziehen kann.

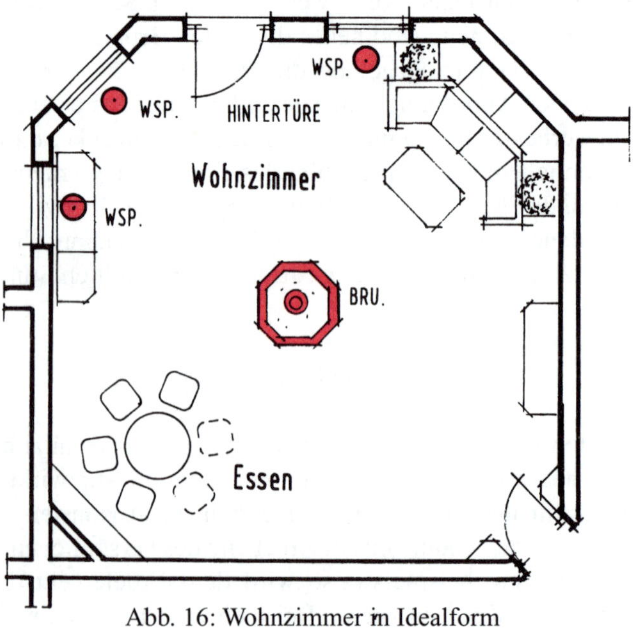

Abb. 16: Wohnzimmer in Idealform

Das Schlafzimmer

Das Schlafzimmer ist der Ort, an dem sich die meisten Menschen am häufigsten aufhalten – immerhin verbringen wir ungefähr ein Drittel unseres Lebens schlafend. Bei der Schlafzimmereinrichtung sollte man daher mit Bedacht vorgehen. Grundvoraussetzung des Schlafraumes ist die Gewährleistung von Ruhe und tiefer Entspannung. Er sollte ebensowenig über geopathischen Störzonen liegen wie zu einer lauten, abgasreichen Straße hinaus. Unbedingt zu vermeiden ist auch die Lage des Schlafzimmers über einer Garage, da die Abgase durch die Wände eindringen und die Gesundheit des Schlafenden empfindlich stören können.

Eine zum Schlafen günstige Anordnung liegt vor, wenn die Tür in der Mitte und das Fenster an der gegenüberliegenden Wand außen beziehungsweise an einer seitlich angrenzenden Wand liegen. Beispiel: Schlafbereich links, Eingang in der Mitte, Fenster rechte Wandseite.

Wir sollten es vermeiden, in direkter Linie zur Tür zu schlafen; nicht einmal ein Teil des Körpers darf von der Linie getroffen werden, die die gedachte Verlängerung zur Tür darstellt. Wenn wir das Bett in einer Ecke wünschen, sollten wir einen Paravent davorstellen, da der Kopf zur Tür gerichtet sein soll. In der Schlafecke läßt sich die Energie durch ein Eckregal und farbige Bänder erhalten.

Innerhalb der Wohnung sollte das Schlafzimmer möglichst nicht neben der Küche oder dem Bad liegen, da sowohl die in den Wandrohren entstehenden Wassergeräusche als auch der Energiesog des abfließenden Wassers das Ch'i des Schlafenden oder des Schlafraumes mitziehen könnte. In Kopfnähe fließendes Wasser stört den Schlaf nachhaltig.

Falls sich in der Wand vor dem Bett Wasser- oder Stromleitungen befinden, muß das Bett von der Wand abgerückt werden. Es sollte so stehen, daß wir im Wachzustand die Tür kontrollierend überblicken können. Während des Schlafes aber ist es günstiger, mit dem Kopf in den Raum zu liegen, wobei man sich dann durch einen Paravent gegen die Tür abschirmen kann. Die Ausrichtung des Kopfendes in den Raum hinein mag befremden, aber neueste Untersuchungen haben gezeigt, daß in dieser Lage eine größere Entspannung während des Schlafes erreicht werden kann. Die instinktive Abwehrhaltung, die sich in dem Bedürfnis nach ständiger Kontrolle des Fluchtweges ausdrückt, soll im Schlaf aufgehoben sein.

Während es am Tag für unser Leben und Handeln wichtig ist, daß wir den Weg aus dem Zimmer jederzeit im Blick haben, gibt uns der Paravent während der Schlafphasen genügend Schutz, so daß wir auf keine Fluchtreaktion angewiesen sind. Aber auch ohne Paravent sind wir unbewußt in der Lage, während des Schlafens auf Kontrolle zu verzichten. Versuchen Sie es einmal. Nach einigen Tagen haben Sie sich an die neue Schlafrichtung gewöhnt und werden merklich besser schlafen.

Der Kopf sollte nicht zu nah am Fenster liegen, sondern in einem Mindestabstand von einem Meter gebettet sein.

Ein Hinweis zum tiefen Schlaf: Lüften Sie zwei Stunden, bevor Sie zu Bett gehen. Auf dem Bauch zu schlafen beeinträchtigt die Gesundheit: Die Atmung wird behindert, worunter die inneren Organe leiden. Wichtig ist die tiefe Bauchatmung ins Hara, in die Erdmitte, des Menschen.

Vermeiden Sie geheime Pfeile, die sich während des Schlafes auf Ihren Kopf richten. Sie können von den spitzen Kanten der Kleider-, Nachtschränke oder Sideboards ausgehen.

Ganz ungünstig ist das Schlafen in Mansarden, weil die Energie einerseits durch seitliche Schrägen gedrückt, andererseits von Balken angezogen wird und sich durch unharmonischen

Fluß unregelmäßig im Raum verteilt. Abhilfe kann hier durch Seidentücher oder schönen, fallschirmartig unter der Decke aufgehängten Baumwollstoff geschaffen werden, der die Balkenkanten verdeckt und die Energie rund und klar fließen läßt.

Unter einem Deckenbalken zu schlafen ist äußerst problematisch: Befindet sich der Balken über dem Kopf des Schlafenden, wird dieser unter Kopfschmerzen oder Schlaflosigkeit leiden. In Magenhöhe kann der Balken zu Geschwüren oder ähnlichen Problemen führen. Über den Füßen beschert er dem Schlafenden eine Unfähigkeit zu reisen oder überhaupt zu handeln. Um einen guten Energiefluß im Schlafzimmer zu gewährleisten, sollte man auf einen angrenzenden, direkt zugänglichen Raum verzichten, da das Ch'i so zur einen Tür herein- und zur anderen wieder hinauszieht. Vor dem Fenster gilt es ebenfalls den Energieabzug zu blockieren, was man im Schlafzimmer auch gut mit einem Paravent erreichen kann.

Günstiges Quadrat

Abbildung 17 (S. 68) zeigt eine günstige Anordnung des Schlafzimmers. Zuerst einmal ist die rechte oberere Ecke, welche für »Partnerschaft« steht, mit einer Pflanze oder einem Windspiel zu aktivieren, genauso die untere rechte Ecke für »hilfreiche Menschen«, indem beispielsweise Bilder von Freunden oder Symbole für Freundschaft und Hilfsbereitschaft angebracht werden. Der Grundriß des Schlafzimmers ist fast quadratisch. Beim Betreten des Raumes fällt einem als erstes der Paravent auf, der verhindert, daß die eindringende kosmische Kraft direkt auf den Schlafenden prallt. Die Schränke sind so angeordnet, daß an beiden Seiten Platz bleibt, um dort Bänder an der Decke anzubringen, so daß die Energie sowohl in den kleinen Räumen zwischen Wand und Schrank als auch kreisend

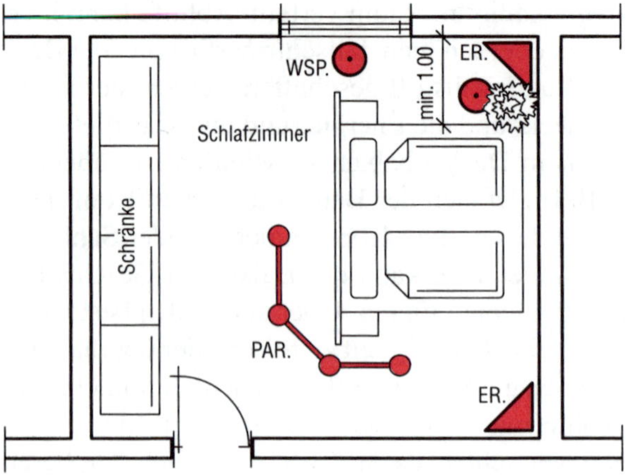

Abb. 17: Ideales Schlafzimmer

durch den Raum strömen kann. In den gegenüberliegenden Zimmerecken sind Eckregale angebracht, die den energetischen Umfluß erleichtern.

Der Mindestabstand von einem Meter zwischen Bett und Fenster ist eingehalten, so daß dem an der Fensterseite Schlafenden keine Energie von draußen entzogen werden kann. Das Fenster wurde wiederum durch ein Windspiel blockiert, so daß das Ch'i sich im Raum hält und rundum fließen kann.

Abhilfe bei ungünstiger L-Form

Abbildung 18 zeigt ein Schlafzimmer, dessen ungünstiger Grundriß zu einem hohen Verlust an Lebensqualität führt. Nach den Grundsätzen des Feng-Shui wird die L-Form eines Raumes oder Grundstücks als lückenhaft angesehen, da ihr zum idealen Quadrat eine Ecke fehlt. Hier muß man mit sehr starken Hilfsmitteln die energetische Grundsituation verbessern.

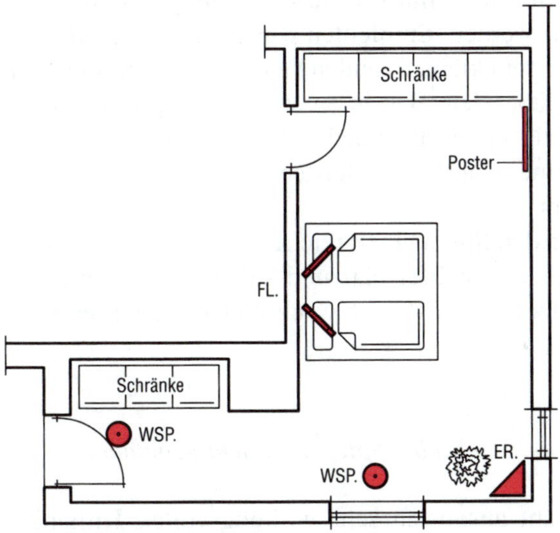

Abb. 18: L-förmiges Schlafzimmer mit verbessertem Ch'i

Im Fall des abgebildeten Schlafzimmers werden eine Reihe von Maßnahmen zur Energieverbesserung vorgeschlagen, siehe Abbildung 18: Gegenüber der Tür wurde ein sehr starkes Hilfsmittel, ein Poster mit einem Wasserfall angebracht, das die Lebensenergie in den Raum hineinzieht, potenziert und in sanfter Kreisbewegung weiterleitet. Das sanfte Wasserfallposter muß in einem Abstand von mindestens drei Metern zum Bett installiert sein.

Der Ch'i-Fluß wird von einem an der dem Bett gegenüberliegenden Wandseite angebrachten Fächer aufgenommen und zur nächsten Zimmerecke weitergeleitet, deren Eckregal die Energie in den zweiten Raumteil hineinführt. Hier drohen zweierlei Gefahren: das Entweichen des Ch'i durch das Fenster und stärker noch der Sog durch die Terrassentür nach draußen.

In beiden Fällen müssen diese Öffnungen durch Windspiele blockiert werden. Empfehlen würden wir zusätzlich ein Windspiel vor dem kleinen runden Fenster an der rechten Wandseite.

Zwei über dem Bett in einem Winkel von mindestens fünfundvierzig Grad angebrachte Flöten blasen die Kraft in den Raum hinein und gewährleisten ein gutes Ch'i im Zentrum des Zimmers.

Die in den Raum hineinreichende Ecke neben dem Bett stellt einen geheimen Pfeil dar und sollte mittels farbiger Bänder oder einer möglichst hoch wachsenden Pflanze entschärft werden.

Kleine Spiegel im Schlafzimmer

Mit einem ansonsten sehr wirkungsvollen Hilfsmittel sollte man im Schlafzimmer sehr vorsichtig sein: dem Spiegel. Gemäß chinesischem Denken verläßt die Seele während des Schlafes den Menschen und wandert umher. Wird sie von einem Spiegel reflektiert, so erschreckt sie sich. Nachweisbar ziehen Spiegel die Lebenskraft des in der Nähe Schlafenden ab, so daß die nächtliche Regeneration nicht gewährleistet ist. Sind die von ihrer funktionalen Bedeutung im Schlafzimmer durchaus sinnvollen Spiegel bereits vorhanden, sollten sie so angebracht sein, daß sie den Schlafenden nicht treffen, oder man kann sie des Nachts verdecken.

Vermeiden Sie Elektrosmog!

Lichtschalter, Steckdosen, Lampen, Radio und Elektrowecker neben dem Bett sind zu vermeiden. Bringen Sie einen Netzfreischalter an. Funkuhren haben die gleiche Wirkung wie ein

Mobiltelefon: Sie können zu schweren Schädigungen der Lymphe, des Immunsystems, im Epiphysen- und Hypophysenbereich sowie des Nervus trigeminus (des wichtigen, im Mittelhirn entspringenden Hirnnervs) und des Mittel- und Innenohres führen. Erwiesen ist, daß zuviele elektromagnetische Felder, ausgelöst durch elektrische Gegenstände und Steckdosen, Herzrhythmusstörungen verursachen und dann durch Herzschrittmacher oder Medikamentierung beseitigt werden müssen. Auch wurde eine Veränderung der Herzkranzgefäße durch elektromagnetische Felder nachgewiesen, die zu Bypass-Operationen führten. Beachten Sie also unbedingt einen Sicherheitsabstand von mindestens einem Meter zwischen elektrischen Geräten und Schlafstätte, und versuchen Sie, mit möglichst wenigen Elektrogeräten im Schlafzimmer auszukommen.

Farben im Schlafzimmer

Die Farbe sollte nach dem persönlichen Element ausgewählt werden. Als günstige Grundfarben eignen sich die entspannungsfördernden Rosa- und Hellblautöne. Dies gilt auch bei Paaren mit unterschiedlichen Elementen, das heißt immer den Mutter-Kind-Zyklus durchführen, den Kontrollzyklus vermeiden, zum Beispiel keine starken Blautöne für Feuerelement-Menschen, denn Wasser löscht Feuer. Generell sollte zuviel Rot oder Schwarz im Schlafzimmer vermieden werden, da es zu stark aktivierend oder lähmend wirken kann. Bei nervösen Schlafstörungen empfehlen wir die sedierende Wirkung von Dunkelblau, mit dem man sich in Form von Bettwäsche und Schlafanzügen umgeben kann. Auch bei hohem Blutdruck, Juckreiz bei allergischen Hautreaktionen sowie bei klimakterischen Hitzewallungen wirkt Dunkelblau wohltuend.

Hingegen sollte man mit Rot im Schlafzimmer unbedingt

sparsam umgehen: Seine einzig sinnvolle Verwendung hat es hier, wenn man die Sexualkraft stärken will, etwa wenn ein Paar sich bislang vergeblich um eine Schwangerschaft bemüht hat. Aber auch in diesem Fall sollte Rot nur in Form von farblichen Impulsen auftauchen, etwa in Bildern oder Kissen. Ein roter Wandanstrich würde aggressionsfördernd wirken und zudem ernsthafte Folgen für Kreislauf und Herzrhythmus haben.

Eine sowohl stabilisierende, starke Geborgenheit vermittelnde wie auch gleichzeitig angenehm erfrischende Farbe im Schlafzimmer ist das Apricotorange.

Im Krankheitsfall und bei Bettlägerigkeit empfehlen wir im Schlafzimmer warme Gelb- und Orangetöne. Sie stärken die Zuversicht und das Vertrauen und fördern dadurch auch den Gesundungsprozeß. Menschen, die zu Depressionen neigen, sollten sich ebenfalls mit gelber, rosa- oder orangefarbener Bettwäsche stärken.

Das Kinderzimmer

Da das Kinderzimmer in der Regel ein funktional sehr vielseitiger Raum ist, in dem die Kinder so unterschiedlichen Beschäftigungen nachgehen wie Spielen, Lernen und Schlafen, muß man Bedingungen schaffen, um jeden einzelnen Bereich zu unterstützen.

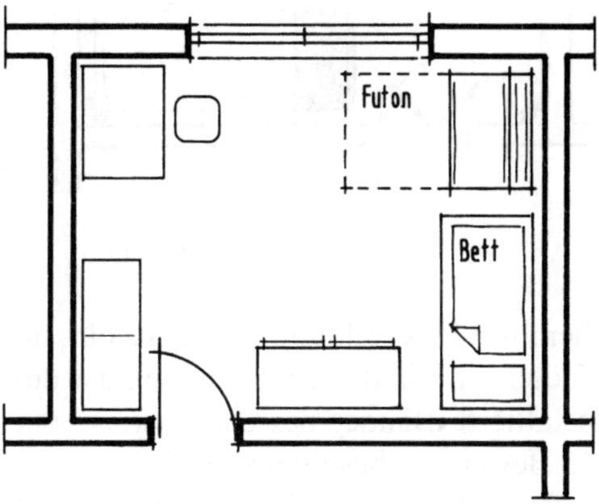

Abb. 19: Kinderzimmer ohne Abhilfen

Die Einrichtung dieses Zimmers bedarf einiger Korrekturen. Der im oberen Eck gegen die linke Wand geschobene Schreibtisch ist in zweifacher Hinsicht ungünstig, da nicht genügend natürliches Licht auf die Arbeitsplatte fällt und zudem das Kind die Tür nicht klar im Blick hat. Die scharfen Kanten des Kleiderschrankes rechts von der Tür werfen Pfeile auf den im Bett Liegenden. An das Bett schließt sich eine Art Sitzfuton an, der sowohl als Sitzgelegenheit als auch in ausgezogener Form als Gästebett benutzt wird. Um dieses Zimmer energetisch zu verbessern, wurden einige Feng-Shui-Maßnahmen verwirklicht und die Möbel umgestellt.

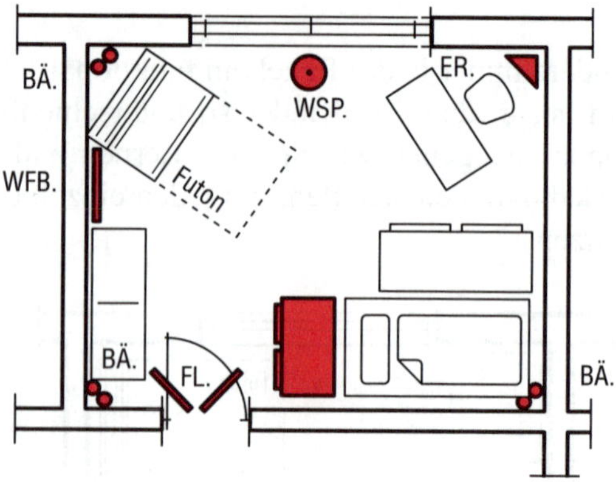

Abb. 20: Kinderzimmer mit Abhilfen

Zunächst ziehen, wie in Abbildung 20 dargestellt, über der Tür angebrachte Flöten Ch'i in den Raum hinein, das dort durch in den Ecken installierte Bänder beziehungsweise ein Eckregal eine kreisende Bewegung beschreibt. Neben dem jetzt in der linken Ecke befindlichen Futon hängt ein Wasserfallbild an der Wand, das seine starke Energie dem nun rechts am Schreibtisch sitzenden Kind mitteilt. Der Blick vom Schreibtisch aus fällt nämlich direkt darauf und gleichzeitig auch kontrollierend auf die Zimmertür. Der Schrank rechts neben der Tür wurde nun als Raumteiler verwendet, hinter dem sich das Bett verbirgt, dessen Kopfteil zur Tür weist, so daß das Kind im Schlaf nicht die Tür im Visier hat. Allerdings gibt es in dieser Anordnung noch einen groben Fehler. Sehen Sie sich das Bild noch einmal genau an, und finden Sie heraus, welche Maßnahme ergriffen werden muß.

Diese Wohnung befindet sich im sechsten Stock eines Hochhauses. Besonders in der Höhe muß man darauf achten, nicht zu nah am Fenster zu arbeiten. Das dort entstehende Gefühl, hinausgezogen zu werden, stellt eine enorme dauerhafte Belastung für das Immunsystem dar, das ständig gegen die Gefahr des Hinaus- und Hinunterfallens auf Hochtouren arbeitet. Der dadurch erhöhte Herzschlag und die größere transportierte Blutmenge führen zu einer starken Kreislaufbelastung, im chronischen Fall schließlich auch zu einer Herzerkrankung.

In der folgenden Abbildung (S. 76) konnte der Feng-Shui-Experte ein Kinderzimmer nach seinen Vorstellungen einrichten. Zunächst wählte er einen quadratischen Grundriß sowie gegeneinander versetzte Tür- und Fensteröffnungen. Anders als bei den üblichen Hochbetten, sollte sich der Schlafplatz des Kindes nicht oben, sondern unten befinden, damit die Kinder genügend geerdet sind. Der Kopf des Kindes zeigt zur Tür. Vom oberen Plateau des Bettes, das zusätzlich als Spielfeld genutzt werden kann und durch seinen »Himmel« einen schützenden Höhlencharakter hat, geht eine Rutsche ab. Der Schreibtisch ist so aufgestellt, daß das Kind den gesamten Raum, insbesondere die Zimmertür, im Blickfeld hat.

Aufgrund der hohen Eigenenergie von Kindern ist es nicht nötig, viele verstärkende Feng-Shui-Maßnahmen einzusetzen. Vielmehr sollte man das Augenmerk auf die Vermeidung spitzer Kanten lenken, da sie das Immunsystem von Kindern beziehungsweise das magnetische Feld des Körpers ganz besonders schwächen können. Im obigen Fall bestehen die Vermeidungsmaßnahmen überwiegend in der Abrundung von Kanten, etwa beim Schreibtisch und den beiden auf der linken Zimmerseite befindlichen Regalen. Für einen harmonischen Energiefluß sorgen die über der Tür angebrachten Flöten, Bänder in der vorderen rechten Zimmerecke, das Eckregal hinter dem Schreibtisch sowie das vor dem Fenster hängende Windspiel.

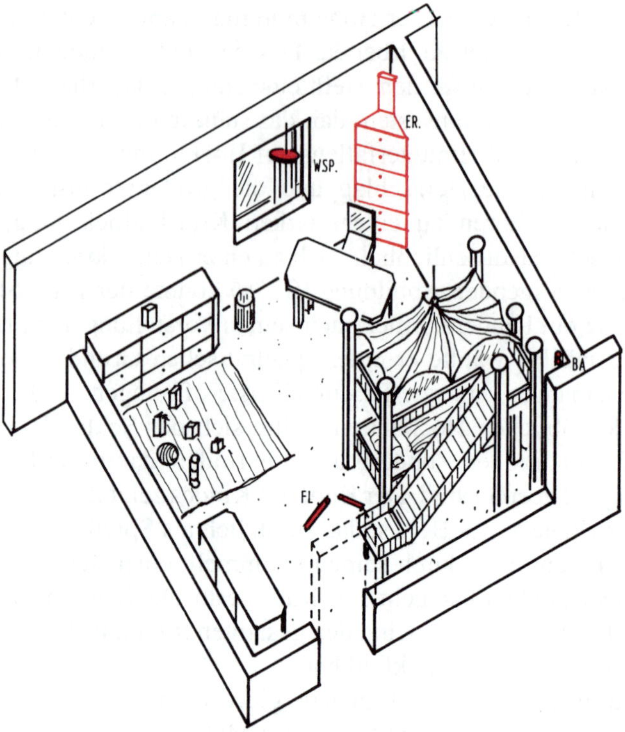

Abb. 21: Ideales Kinderzimmer

Gerade in Kinderzimmern muß man eine Verschachtelung von Möbeln vermeiden, da zuviel Durcheinander in einem Raum schlechtes Ch'i, Sha-Ch'i, erzeugen kann. Die harmonische Anordnung der Möbelstücke hingegen führt zu einer Entwicklung klarer, geradliniger Eigenschaften des heranwachsenden Kindes.

Farben im Kinderzimmer

Die farbliche Gestaltung sollte sich an den verschiedenen Tätigkeiten orientieren, die das Kind in seinem Zimmer ausübt. Der Schlafbereich sollte von ruhigen Apricot- oder Hellblautönen geprägt sein. Die Spielecke, insbesondere mit Höhlencharakteristik, vermittelt durch pastellige, erdfarbene Farbschattierungen ein verstärktes Geborgenheitsgefühl und bietet Kindern gerade in unruhigen Entwicklungsphasen einen sicheren Hafen. Die individuelle Berücksichtigung des persönlichen Elements ist aber wichtig. Zu anregende Farben wie Rot, Magenta oder Violett sind zu vermeiden.

Auch wenn viele Kinder sich zu Rot hingezogen fühlen, ist diese Farbe aus farbtherapeutischer Sicht für ein Kinderzimmer nicht zu empfehlen, da es sehr aktivierend wirkt und zu Aggressionen führen kann. Die Kinder verfügen über genügend Eigenenergie, und zusätzliche farbenergetische Impulse können bei ihnen zu Nervosität, Aggressivität und Hyperaktivität führen.

Für den Schreibtischbereich empfiehlt sich Gelb, eine Erdfarbe, die die Kinder beim Lernen und der Erledigung ihrer schriftlichen Hausaufgaben unterstützt. Das Sprachzentrum regt man durch die Farbe Türkis an. Gelbe Vorhänge in Schreibtischnähe, eine gelbe Schreibunterlage, türkisfarbene Schreibutensilien oder ein Bild, auf das der Blick fällt, erfüllen dabei bereits ihre Aufgabe.

Die Küche

Harmonie der Elemente

Wie kein anderer Raum wird die Küche von den verschiedenen Elementen bestimmt, so daß hier ganz besonders auf deren harmonisches Zusammenspiel zu achten ist. Wasser ist durch die Spüle und den Kühlschrank vertreten, Feuer durch den Herd; der jeweilige Brennstoff – ob Holz, Kohle, Strom oder Gas – repräsentiert das Holzelement, und die diversen Kochgeschirre vereinigen in sich das Metallelement. Damit die Atmosphäre in der Küche ausgeglichen und harmonisch ist, müssen wir sorgfältig darüber wachen, daß die Elemente sich nicht »beißen«, das heißt vor allem, daß Wasser und Feuer nicht zu nahe beisammen sind. Spüle und Herd sollten wenigstens durch einen Schrank voneinander getrennt werden, besser wäre ein noch größerer Abstand von mindestens zwei Metern.

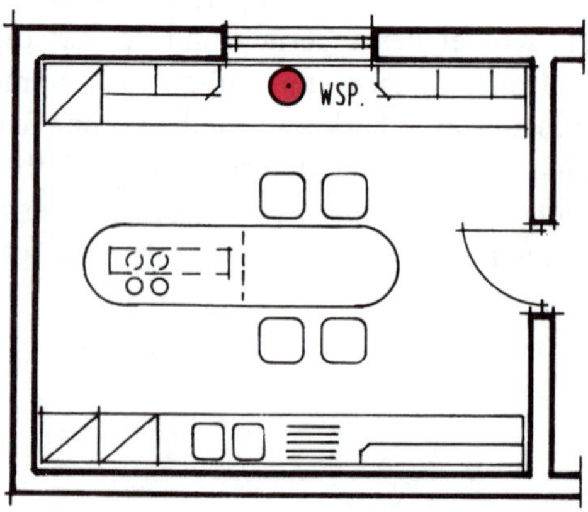

Abb. 22: Küche, die Feng-Shui-Kriterien entspricht

Abbildung 22 stellt eine annähernd ideale Küche vor. Beim Betreten des Raumes trifft man auf eine rundliche beziehungsweise ovale Anordnung der Sitzplätze, die allesamt nicht mit dem Rücken zur Tür gerichtet sind. Die Kochgelegenheit in der Raummitte ist so angeordnet, daß der oder die Kochende die Tür im Blickwinkel hat. Die Energie zieht durch die Tür rechts herum. Die Eck- und Hochregale sind mit einer abgeschrägten Kante versehen. Vor dem Fenster verhindert ein Windspiel das Entweichen der Energie, bevor sie noch an der Kochseite entlangströmen konnte.

Die Spüle (auf der dem Fenster gegenüberliegenden Seite), die von allen Seiten begehbare Kochgelegenheit (Raummitte) und der Kühlschrank (links oben) sind hier voneinander getrennt. Dies ist wichtig, weil die in der Küche vereinigten Elemente in einer förderlichen Beziehung zueinander stehen sollten, das heißt Spüle (Wasserelement) und Herd (Feuerelement) dürfen nicht nebeneinander plaziert sein, genausowenig wie Kühlschrank oder Kühltruhe als Wasserrepräsentanten neben dem Herd stehen dürfen. Falls die direkte Nachbarschaft zwischen Spüle und Herd unvermeidlich ist, sollte man zwischen den Geräten eine Thermometallplatte anbringen, um die Elemente deutlich zu trennen. Idealerweise sollte der Abstand zwischen Wasser und Feuer zwei Meter betragen.

Abbildung 23 (S. 80) zeigt den Schnitt einer Küche, wie er häufig anzutreffen ist. Über der Tür sind Flöten angebracht, die die Energie in den Raum hineinziehen und dort fließen lassen. Rechts neben der Tür befindet sich ein Regal, dessen Kanten noch abgeschrägt werden müssen. Sowohl im Herd- als auch im Spülenbereich sind Spiegel in Augenhöhe angebracht, so daß die dort hantierende Person, die ja mit dem Rücken zur Küchentür steht, diese im Auge behalten kann. Nicht zu unterschätzen ist zudem die symbolische Wirkung, die ein hinter der Herdstelle angebrachter Spiegel hat.

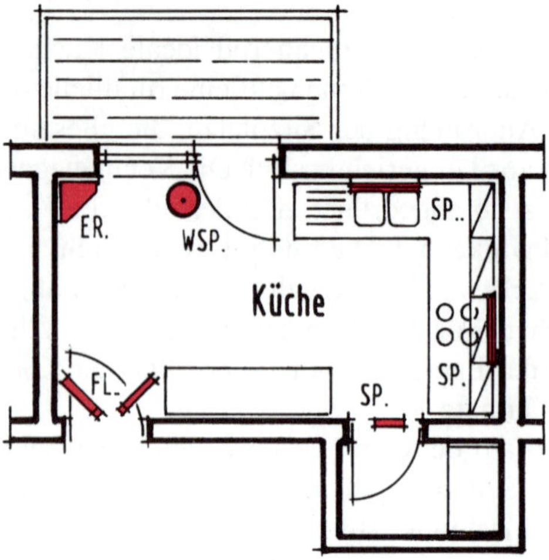

Abb. 23: Herkömmliche Küche – mit Hilfsmitteln verbessert

Vor der Balkontür und dem Fensterelement wurde ein Windspiel angebracht, um die Energie am Abfließen zu hindern.

Eine letzte Feng-Shui-Maßnahme ist das gegenüber der Tür befindliche Eckregal, das dem Ch'i zu der Möglichkeit verhilft, rundum zu fließen.

Zur Lage der Küche

Inerhalb der Wohnung oder des Hauses sollte die Küche einen zentralen Ort einnehmen. Nach chinesischem Denken ist eine direkt am Hauseingang gelegene Küche Ausdruck einer zu starken materiellen Orientierung der Familie und deutet darauf hin, daß sie dem Essen einen unangemessen wichtigen Platz zuweist. Ungünstig ist auch eine direkte Nachbarschaft der Küche zu Bad oder WC, auch wenn es aus praktischen Erwägungen häufig der Fall ist, daß in beiden Räumen notwendige

Wasserleitungen und Abflußrohre durch dieselbe Wand verlaufen. Hier ist es wichtig, mit Hilfe bestimmter Maßnahmen wie z. B. Spiegeln dafür zu sorgen, daß Verbrauchtes aus Bad und WC nicht durch die Wand in die Küche gelangt, da sich deren Feng-Shui dann dramatisch verschlechtern würde. Eine Nachbarschaft zwischen Küche und Bad hat zudem den symbolischen Aspekt, daß das Wasser des Badezimmers leicht das dem Haushalt zur Verfügung stehende Geld wegspült.

Auch in der Küche droht Elektrosmog

Auch wenn elektrische Geräte wie Geschirrspülmaschine, Kühlschrank, Mixer u. ä. die Küchenarbeit erleichtern und für die meisten Menschen unentbehrlich geworden sind, warnen wir vor einer zu starken Elektrifizierung der Küche. Ganz besonders raten wir von der Benutzung der Mikrowelle ab, deren Strahlen die Eigenenergie von Lebensmitteln abtötet.

Die Küche sollte hell, aber nicht grell beleuchtet werden. Häufig findet man Leuchtstoffröhren in Küchen, die gegen Tageslichtlampen, True-lite, ausgetauscht werden sollten. Leuchtstoffröhren wirken sich auf die Kopfhaut schädlich aus, blockieren die Gedanken und können zu Haarausfall führen.

Materialien

Was die in der Küche verwendeten Materialien betrifft, so sollte Feng-Shui zufolge ihrer inneren Bestimmung nach – nämlich der des Nährens – eine enge Verwandtschaft zum Holz bestehen. Dieses schafft eine positive Raumatmosphäre. Derzeit haben allerdings die glatten, fugenlosen Kunststoffküchen aus hygienischen Gründen die alte Holzküche verdrängt, obwohl doch Holz durchaus nicht der in der Küche erforderlichen Sauberkeit im Wege steht und ebenso leicht zu reinigen ist wie synthetische Materialien.

Farben in der Küche

Die Farben einer Küche sollten hell und freundlich sein und insbesondere denjenigen Menschen einen morgendlichen Energieschub vermitteln können, die einen niedrigen Kreislauf haben und nur langsam in Gang kommen. Wieder gilt es aber, alle Farben der fünf Elemente zu berücksichtigen. Sehr gut ist hier ein bunter Strauß auf dem Frühstückstisch. Gelbe und orangefarbene Töne verhelfen zu einer Aktivierung, z. B. auf Wandbildern, Farbbändern, Tischdecken, Geschirrsets u. ä. Orange regt auch den Appetit an, ist also vor allem dann in der Küche angeraten, wenn man unter Appetitmangel leidet. Bei zu starkem Appetit sollte man hingegen auf wärmendes, weitendes Gelb und Orange verzichten.

Das Badezimmer

Das Badezimmer wird stark von – zumeist fließendem – Wasser bestimmt. Der Energiefluß ist hier schneller, zumal das fließende Wasser gleichzeitig auch Abwasser ist. Beim Badezimmer sollte man auf zweierlei achten: Zum einen muß man der starken Sogwirkung, die es hinsichtlich der Energie der angrenzenden Räume entwickelt, Einhalt gebieten, zum anderen aber dafür sorgen, daß die in ihm befindliche Energie nicht zu schnell abzieht.
Ein außen über der Badezimmertür applizierter Spiegel ver-

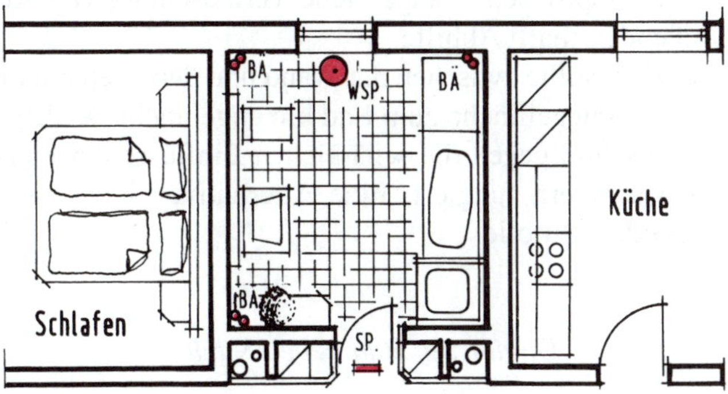

Abb. 24: Herkömmliches Badezimmer mit Abhilfen

hindert, daß zuviel Energie von draußen in den Raum hereingezogen wird. Die Kante des in Abbildung 24 links neben der Tür befindlichen Regals wurde abgeschrägt und eine Pflanze daraufgestellt. Diese sorgt für ein angenehmes Raumklima und befördert den runden Ch'i-Fluß durch den Raum. In den Zimmerecken angebrachte Bänder sowie ein vor dem Fenster befestigtes Windspiel fördern den Ch'i-Fluß weiterhin und verhindern ein vorzeitiges Abziehen durch die Wasserrohre und WC-Spülung. Spiegel finden im Bad ihre uneingeschränkte, energetisierende Verwendung.

Ungünstig: Bad neben Schlafzimmer

Ungünstig an diesem Grundriß ist die direkte Nachbarschaft des Badezimmers zu Schlafzimmer und Küche. Die Position des Bettes im Schlafzimmer mit dem Kopfende zur Wand stellt für die Schlafenden ein großes Problem dar, denn die in der Wand zwischen Bad und Schlafzimmer befindlichen Wasser- und Abflußrohre wirken wie eine Art Wasserader. Die ohnehin – wie besprochen – angeratene Vertauschung von Kopf- und Fußende schafft Abhilfe.

Zusätzlich sollte zwischen der Wand und dem Bett ein Spiegel mit der Spiegelfläche zum Bad hin angebracht werden, der als Schutzschild gegen die schädlichen Einflüsse der künstlichen Wasseradern fungiert. Eine Alternative hierzu ist eine Spiegel- oder Alufolie.

Ungünstig: Bad neben Küche

Negativ wirkt sich auf der anderen Seite aus, daß der Kochbereich der Küche sich direkt neben der im Bad befindlichen Dusche und Wanne befindet. Hier sind zwei sich störende Elemente, Feuer und Wasser, zusammengebracht. In der chinesischen Feng-Shui-Lehre sagt man, daß in der Küche beim Kochen dann sehr viel mehr Strom nötig ist als normalerweise. Das Wasser fordert zuviel dieser künstlich erzeugten Energie und läßt sie teilweise wegfließen: Das Wasser löscht das Feuer.

Günstig: Bad neben Abstellkammer und Waschraum

Sehr viel günstiger hingegen ist die Lage des Badezimmers in der unteren Abbildung: In diesem befinden sich links neben dem Badezimmer eine Abstellkammer und rechts ein Raum, in dem diverse Hausarbeiten erledigt werden. Beide Räume sind hinsichtlich der energetischen Grundsituation für die Bewohner relativ neutral. Auch von praktischem Nutzen ist die Anordnung von Waschmaschine und Wäschetrockner an der rückwärtigen Wand zu WC und Waschbecken: Die Wasserleitungen können doppelt genutzt werden, und die Elemente stören einander nicht.

Die annähernd quadratische Form des Badezimmers entspricht den Feng-Shui-Regeln: Der – auch hier mit einem Spiegel versehene – Eingang zum Bad ist zur Fensteröffnung versetzt, so daß Ch'i automatisch umfließt. Dusche und Badewanne liegen bündig auf einer Linie und werden von einem Eckregal mit abgeschrägten Kanten begrenzt, auf dem zwei Pflanzen das Ch'i auffangen und rund weiterleiten. Die gleiche Funktion haben die in den rechten Zimmerecken angebrachten Bänder sowie die Pflanze auf dem rechts neben der Tür aufgestellten Regal.

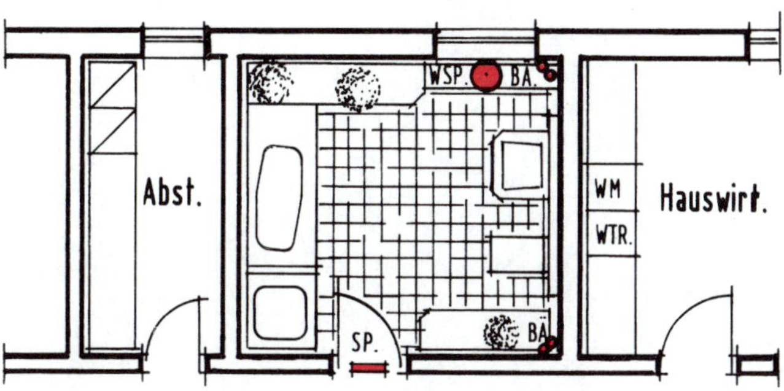

Abb. 25: Ideales Badezimmer

Waschbecken und WC sollten nach Möglichkeit abgeschrägte oder runde Kanten haben.

Farbliche Gestaltung des Badezimmers

Eine helle Grundfarbe von Kacheln und Fliesen ermöglicht eine im Bad empfehlenswerte Offenheit für unterschiedliche, den jeweiligen Bedürfnissen angepaßte Farbakzentuierung. Grün ist eine antibakterielle Farbe. Blau wirkt kühlend und beruhigend. Im Badezimmer sollte aber nur Weiß und ein Schuß Blau, Türkis, Gelb oder Grün verwendet werden. Mit einfachen Mitteln läßt sich die Umgebung verändern, wenn man verschiedene Sets farblich aufeinander abgestimmter Accessoires zur Auswahl hat, die sich aus Handtüchern, Farbbändern, die aber nicht in allen Ecken sein müssen, Dusch- und Fenstervorhängen u. ä. zusammensetzen.

Arbeitsräume, Büros, Ladengeschäfte

Geschäftsführerbüro

Räume, in denen gearbeitet wird, müssen so gestaltet sein, daß der erhöhte Energieverbrauch ausgeglichen werden kann. Das Büro des Managers bedarf eines hohen Energieflusses. Hier sollten die Elemente harmonisch aufeinander abgestimmt sein; ein Nebeneinander von konträren Elementen, etwa von Feuer und Wasser, muß vermieden werden.

Abbildung 26 zeigt das Büro eines Geschäftsführers, dessen energetisch eher ungünstige Grundvoraussetzungen durch unaufwendige Maßnahmen verbessert wurden. Bild 27 (S. 88) veranschaulicht, wie dieses selbe Büro in idealer Weise eingerichtet ist. In beiden Varianten sorgen über der Tür angebrachte Flöten dafür, daß die Kraft sofort durch die geöffnete Tür hineingezogen wird.

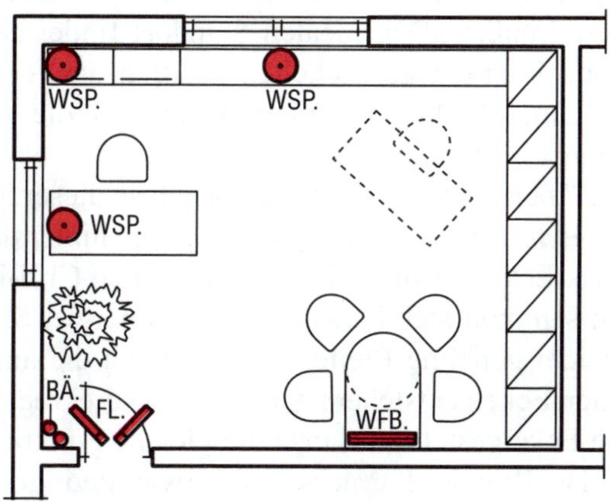

Abb. 26: Büro mit Abhilfen

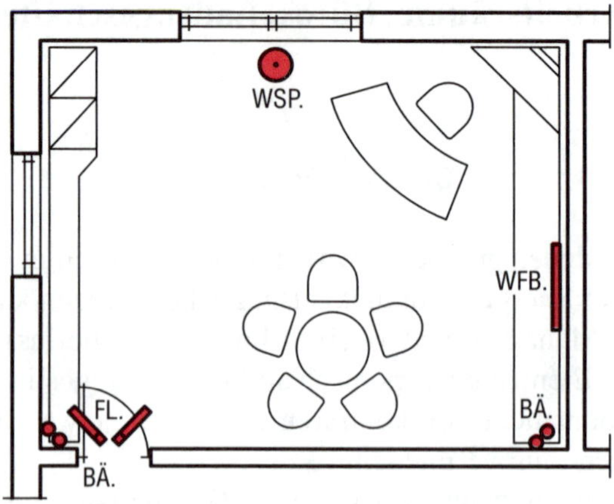

Abb. 27: Abgeändertes Büro

Die Unterschiede liegen hauptsächlich in der Verteilung der Möbel: In Abbildung 26 steht der Schreibtisch gegenüber der Tür, direkt neben einem Fenster. Zwar ist es positiv, wenn, wie hier, der am Schreibtisch Sitzende die Tür kontrolliert, aber die Nähe zum Fenster auf der linken Seite bewirkt einen Energieabzug nach draußen. Den idealen Standort findet der Managerschreibtisch an der gestrichelten Position, von der aus der gesamte Raum überblickt werden kann und die genügend Abstand zum Fenster aufweist.

In Bild 27 befindet sich der Schreibtisch an dieser Stelle und ist zudem leicht geschwungen. Hier sorgt ein hinter dem Stuhl befindliches Eckregal für einen harmonischen Ch'i-Fluß – in den Ecken sammelt sich häufig negative Energie, Sha-Ch'i – und vermeidet geheime Pfeile, wie sie durch die auf Bild 26 vorhandenen Ecken entstehen. Anstelle eines Eckregals könnte eine in die Ecke gestellte Pflanze die gleiche Funktion haben, wodurch das Prinzip Partnerschaft privat und geschäftlich gestärkt wird.

Die ursprünglich ovale Tischform der Besprechungsecke wurde in beiden Fällen gerundet. Ein Wandbild, das einen Wasserfall darstellt, strahlt Energie aus. In Abbildung 26 ist es über dem Besprechungstisch angebracht; noch günstiger ist seine zwischen Schreibtisch und Sitzecke mittelnde Position auf Bild 27. Hier ist die rechte Wand nicht mehr mit hohen Schränken zugestellt, sondern mit halbhohen Regalen bestückt. Ähnliche Regale sind an der linken Wandseite angebracht. Um die untere rechte Ecke »hilfreiche Menschen« zu aktivieren, wäre es hier ideal, eine lange Vase aufzustellen.

In Großraumbüros ist darauf zu achten, daß die Energie nicht auf die Schreibtische prallt, sondern durch Pflanzen oder einen Springbrunnen umgelenkt und verteilt werden kann. An der zum Schreibtisch weisenden Seite von Stellwänden wirken Wasserfallbilder energiesteigernd (Vorsicht allerdings bei Menschen, die dem Feuerelement zugeordnet sind).

In jedem Fall sollen der Bürovorsteher oder Konferenzleiter so sitzen, daß sie die Eingangstür zum Raum sehen können.

Der richtige Schreibtischstuhl

Wer eine überwiegend sitzende Tätigkeit ausübt, weiß, wie wichtig der richtige Stuhl ist. Er sollte eine spezielle, die Bandscheiben schonende Sitzfläche haben und in der Höhe so eingestellt sein, daß man mit gerader Wirbelsäule sitzt. Ideal wäre es, wenn die Sitzhöhe den positiv konnotierten chinesischen Maßangaben entspricht, wie sie auf Seite 22 dargestellt sind. Achten Sie darauf, daß der Stuhlbezug aus einer hautverträglichen Naturfaser oder Alcantara besteht. Kirlianfotografien haben gezeigt, daß Kunstfasern die bioenergetische Strahlung des Menschen angreifen.

Modernes Bürodesign zeichnet sich unter anderem durch eine häufige Verwendung von Glaselementen aus. Ungünstig ist eine gläserne Schreibtischplatte, da sie nach den Feng-Shui-Regeln alles auf ihr Befindliche auf den Boden fallen läßt; die gesamte kreative Arbeitskraft geht durch das Glas hindurch verloren.

Farben im Büro

Ein Arbeits- und Büroraum sollte mit freundlichen einladenden Farben gestaltet sein. Je nach der vorherrschenden Beschäftigung empfehlen wir die Farbe Türkis bei überwiegender Computerarbeit, da sie Elektrosmog neutralisiert. Als Kommunikations- und Ausdrucksfähigkeit stärkende Farbe eignet sie sich an Orten, wo viel telefoniert wird und häufig Besprechungen abgehalten werden.

Gelb ist eine weitere für das Denkvermögen förderliche Farbe in einer Umgebung, in der konzentriert gedacht wird. Während Türkis positive Auswirkungen auf das Sprachzentrum hat, verstärkt Gelb die mathematisch-naturwissenschaftlichen Fähigkeiten und den Energiefluß des Gehirns.

Magenta hilft bei organisatorischen Aufgaben, sollte aber nur in vorsichtiger Dosierung auftreten.

Nicht zu Unrecht ist Grau eine für Büros beliebte Farbe: Es schärft die Kritikfähigkeit und das Urteilsvermögen. Allerdings lähmt Grau bei zu starker Betonung den Gedankenfluß. Empfehlenswert ist eine Büroeinrichtung, bei der beispielsweise die Grundfarbe Grau von Möbeln und Teppich durch gelbe, türkis- und magentafarbene Impulse angereichert wird.

Pflanzen sollten in jedem Büro vorhanden sein, da sie die Raumatmosphäre verbessern und ihr Grün nervenberuhigend wirkt und das Sehpurpur, den in der Netzhaut enthaltenen Farbstoff, der das Dämmerungssehen vermittelt, stärkt. Zu vermeiden sind jedoch spitzblättrige Pflanzen.

In Büros oder großen Geschäften, in denen es oft laut zugeht, kann man die enervierende Wirkung des Lärms teilweise durch eine sanfte musikalische Untermalung mit heilenden Klängen dämpfen.

Ladengeschäft

In einem von der Straße zugänglichen Laden gilt es folgendes zu beachten, um den Geschäftserfolg zu sichern:

Die Kasse sollte so plaziert werden, daß sie an einem Ort mit hoher Kraft steht. Hohes Ch'i entsteht, wenn es ungehindert durch den Raum fließen, direkt zur Kasse gelangen, sich im Raum drehen und wieder hinausfließen kann, ohne etwa durch kantige Tresen, die den Eingang verstellen, behindert zu werden.

Möbel mit spitzen Ecken und Kanten sollten um jeden Preis in Business-Bereichen vermieden werden, da sie Kunden fernhalten. Geschäftsräume mit Kundenverkehr sollen harmonisch ausgeleuchtet sein, ohne daß das Licht blendet.

Die in Abbildung 28 (S. 92) seitlich vor dem Eingang aufgestellten Bäume schieben die positive Energie auf die Tür zu und durch diese in den Supermarkt hinein, wobei der runde Brunnen vor der Tür die Energie noch verstärkt.

Das rechter Hand vom Eingang eingerichtete Büro verfügt über Fenster, durch die der Geschäftsführer den Eingangs- und Kassenbereich überblicken kann. In einem großen Supermarkt ist es wichtig, daß das Ch'i ungehindert durch alle Regalreihen fließt und sämtliche Bereiche berührt. Hierbei helfen die abgeschrägten Regalecken ebenso wie die Eckregale.

Der Fächer an der oberen Wand führt die Energie in Rich-

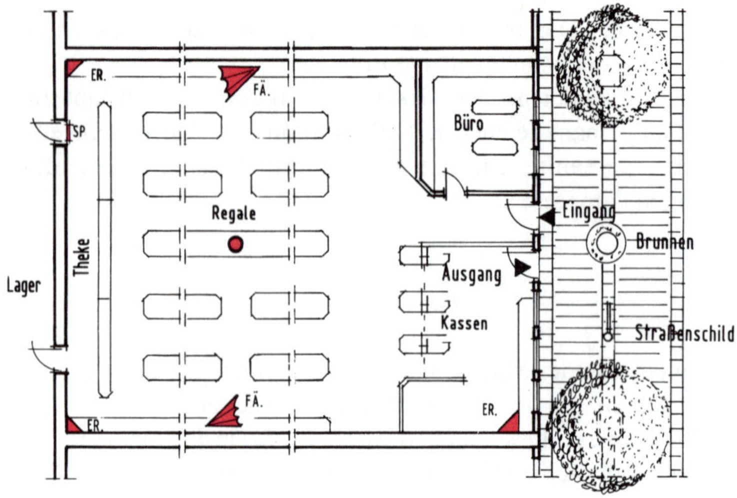

Abb. 28: Supermarkt

tung Theke und Raummitte. Die achteckige Theke ist beiderseits frei, so daß auch hier der Energiefluß nicht zum Stocken kommt, sondern herumgeführt wird. Während die Tür rechts hinter dem Tresen durch einen Spiegel blockiert ist, soll die zweite Tür in der rückwärtigen Wand durchaus die Funktion eines Ausgangs übernehmen, durch den verbrauchtes Sha-Ch'i entweichen kann.

Ausgleichende Bedeutung kommt der großen, runden Säule zu, die inmitten des Raumes in ein langes Regal integriert ist und bis zur Decke reicht. Der Fächer an der unteren Wand leitet die Energie weiter zu den Kassen, an der sie zur Belebung des Geldflusses unbedingt vorbeistreichen muß, und von da aus wieder nach draußen.

In einem von starkem Ch'i erfüllten Laden halten sich die Lebensmittel länger frisch, die Verluste bleiben geringer.

Da der Standort der Kasse symbolisch und de facto einen

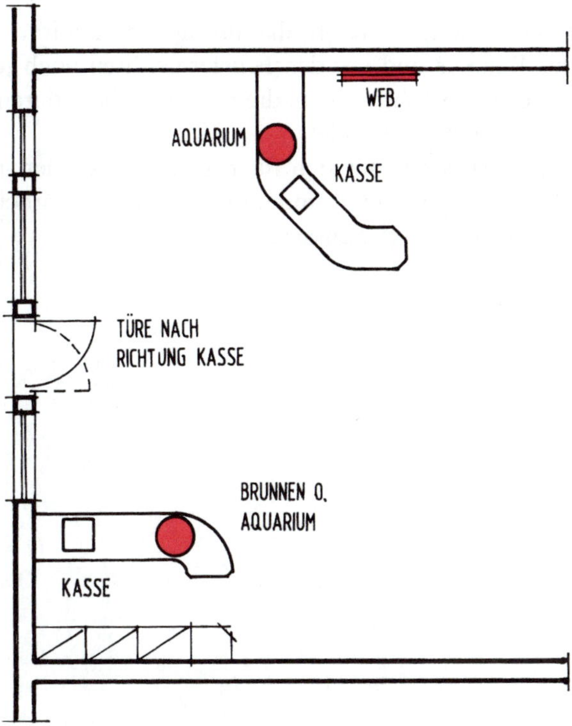

Abb. 29: Der Standort der Kasse

entscheidenden Einfluß auf Umsatz und Gewinn hat, wollen wir mit Abbildung 29 zeigen, wie man hier Verbesserungen anbringen kann.

Plazieren Sie die Kasse so, daß sich die Tür zu ihr hin öffnet. Die Abbildung bietet je nach Öffnungsrichtung zwei Alternativen. Auf der Kasse beziehungsweise dem Kassentresen befindet sich ein Aquarium oder ein kleiner Pflanzenbrunnen. Wichtig für die Kasse sind Rundungen, die einen ungehinderten Ch'i-Fluß garantieren. Ein in Kassennähe angebrachtes Wasserfallposter erhöht die Kraft, die auf die Kasse wirkt. In der Mitte des Raumes und vor den Fenstern sollten noch jeweils Windspiele angebracht werden, die Ecken gehören durch Bänder oder Pflanzen abgerundet.

Die Farbe Türkis bietet sich für Kassenräume oder -möbel an. Türkis steht für die Kommunikation, die Wahrheit und schützt vor negativen Einflüssen.

Der Keller

Der Keller ist das Fundament eines Hauses und sollte »gesund« sein. Dazu gehören eine helle, freundliche Beleuchtung, ein weißer Wandanstrich ebenso wie Trockenheit. Einen feuchten Keller kann man mit einer sehr effektiven Maßnahme, die auf den Seiten 30 und 99 im Detail beschrieben ist, trocknen.

Winkel und Ecken sollten geschlossen sein, damit sich in ihnen kein Sha-Ch'i staut. Aus gleichem Grunde ist auch Ordnung wichtig. Man neigt leicht dazu, in Räumen, die man seltener benutzt, Unordnung zu tolerieren oder wahllos Dinge in

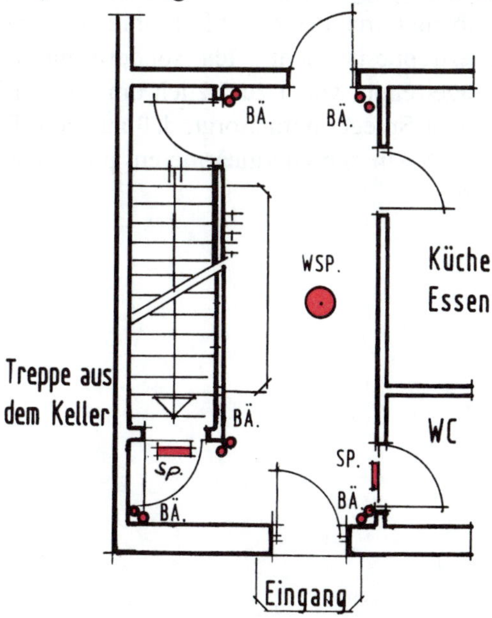

Abb. 30: Eingang zum Keller

sie hineinzustopfen, für die man sonst keinen Platz weiß. Grundsätzlich aber gilt, daß ein Durcheinander im Haus sich auf die Klarheit der körperlichen Energiesituation seiner Bewohner überträgt und deshalb vermieden werden sollte.

Keller sind im allgemeinen energiearme Bereiche innerhalb des Hauses, die dazu neigen, aus den oberen Etagen Ch'i zu absorbieren. Daher muß man dafür sorgen, daß der Kellerzugang entweder durch Wände verschlossen ist oder durch Feng-Shui-Maßnahmen energetisch blockiert wird.

In dem Eingangsbereich (Abbildung 30, S. 95), der auch zum Keller hinabführt, sind diverse Hilfsmaßnahmen erforderlich: Bänder in allen Ecken sowie das inmitten des Flures angebrachte Windspiel leiten den Energiefluß herum. Vor der Tür zum WC ist ein Spiegel angebracht, um einen zu starken energetischen Abzug durch dessen Abflußrohre zu verhindern.

Die Kellertreppe ist nicht offen, sondern durch Wand und Kellertür abgetrennt, wobei zusätzlich ein vor der Tür angebrachter großer Spiegel dafür sorgt, daß aus dem Erdgeschoß nicht zuviel Ch'i in den energieärmeren, pilzreicheren Keller gesogen wird.

Das Dach

Spitzdächer sind in unseren Breiten vorherrschend. Sie bergen jedoch eine Reihe von Gefahren, wie sie in den Abbildungen 31 und 32 deutlich werden:

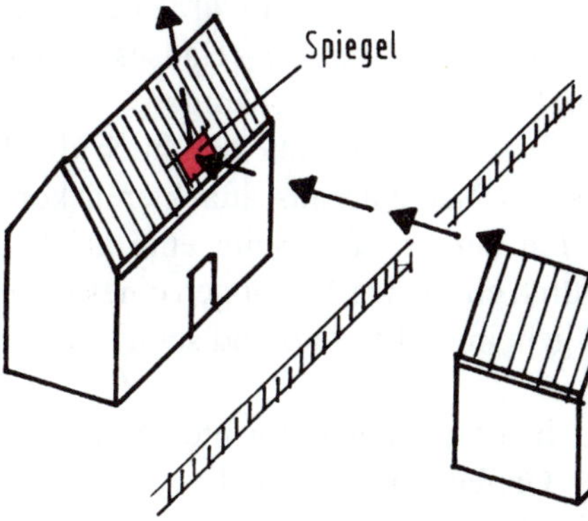

Abb. 31: Gefahren durch Dachfirste

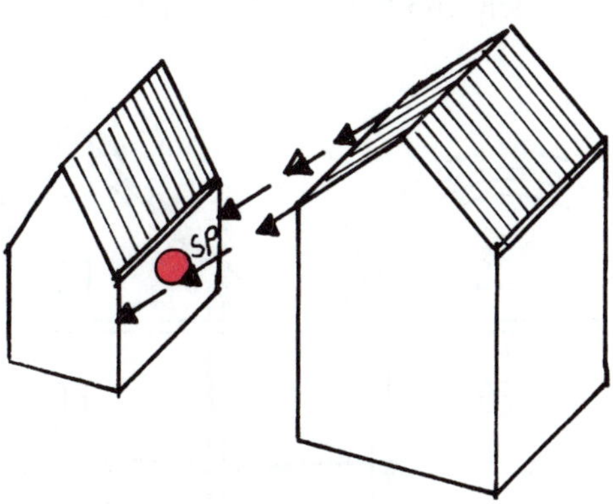

Abb. 32: Gefahren durch Dachkanten

Geheime Pfeile von Nachbarhäusern

Bild 31 (S. 97) zeigt, wie ein Dachfirst einen attackierenden Pfeil auf ein benachbartes Haus sendet. Dieser dringt in das Haus ein, da das Dach ihn nicht aufhalten kann. Ein Spiegel kann den auf ihn treffenden Pfeil nach oben ablenken. Stellen Sie bitte einen Spiegel nie so auf, daß er auf das attackierende Haus zurückreflektiert. In dem Fall würde der Spiegel zurückattackieren und die Bewohner des Hauses – und zwar mit annähernd doppelter Wirkung – schädigen.

Bild 32 (S. 97) macht deutlich, daß auch die Dachrinnen eines Gebäudes das Nachbarhaus attackieren können, zumal wenn letzteres mit seiner Längsseite eine größere Angriffsfläche bietet. Durch einfaches Anbringen eines Parabolspiegels wehrt man den geheimen Pfeil ab und schickt ihn in Richtung Himmel.

So schön auch interessant geformte Dächer mit Giebeln, Türmchen oder Gauben wirken, stellen sie doch häufig ein starkes Angriffspotential für die umstehenden Häuser dar; das sollte man beim Entwurf eines Hauses unbedingt mitbedenken.

Die Pfeile in den Abbildungen 33 und 34 zeigen den harmo-

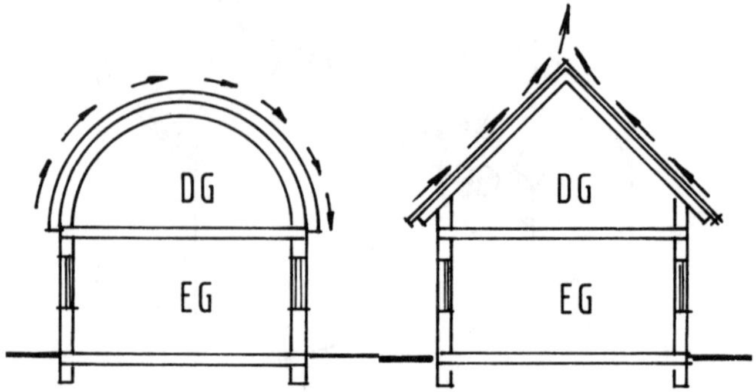

Abb. 33 und 34: Dachformen

nischen Energiefluß, der durch ein Kuppeldach (Metallelement) gefördert wird. Anzumerken ist hier, daß die Energie nicht in der Erde verschwindet, sondern im unteren Bereich weiterhin das Haus umspielt. Hingegen wird bei dem spitzen Dach (Feuerelement) die Energie beidseitig nach oben gelenkt und geht – da keine rundenden Maßnahmen am First angebracht sind – kaum genutzt verloren. Jedoch sucht Feng-Shui die kosmischen Energien der Erdatmosphäre so zu lenken, daß sie Innenräume erfüllen, damit die Menschen sich dort ebenso stark wie draußen fühlen können.

Ideale Dachformen

Runde oder kuppelförmige Dächer sind am besten. Sie kommen vielfach in der Natur vor, etwa in der Kopfform von Mensch und Tieren. Die Kuppelform hält die Energie am stärksten.

Ideale Dachformen sind kegelförmige Spitzen sowie Iglus, in denen sich die Energie in schwungvollen Bewegungen bis in den oberen Bereich rund verteilen kann.

So sorgt man für Trockenheit in einem Haus

Eine gute Methode, um ein zur Feuchtigkeitsspeicherung neigendes Haus trockenzulegen, besteht darin, im Dachbereich an jeder Seite der Dachfirstbalken Stahlrohre mit einem Durchmesser zwischen vier und sechs Zentimetern und einer Länge von achtzig Zentimetern anzubringen. Diese sollen jeweils im Abstand von zwei Metern von einem Feng-Shui-Berater oder geschulten Rutengänger entlang der Dachstuhlbalken installiert werden, um den Lauf der Feuchtigkeit zu unterbrechen.

Durchführungen dieser Maßnahme haben in mehreren Fällen nach nur wenigen Wochen zu sehr guten Ergebnissen geführt.

Bauhöhe von Häusern

In größeren Baukomplexen, etwa in Industriegebieten oder auf großen städtischen Plätzen, sollte man im Sinne der Harmonie darauf achten, daß sich Häuser gleicher Höhe einander gegenüber befinden. Bei unterschiedlicher Bauhöhe sollten die höchsten Gebäude in der Mitte einer Reihe stehen und die links und rechts daneben angeordneten seitlich immer weiter abfallen. Im Zentrum eines Platzes zwischen vielen Gebäuden ist unbedingt ein Springbrunnen anzulegen.

Bei einer Anordnung mehrerer Häuser nebeneinander, von denen die in der Mitte tiefer sind als die am Rande, kann man die fehlende Höhe der mittleren Häuser durch Anlage von Dachgärten ausgleichen.

Der Wintergarten

Wintergärten voller Pflanzen und Licht bereiten Freude, stellen aber gleichzeitig aufgrund der großen umgebenden Glasfläche eine Problemzone dar, weil durch das Glas sehr viel Ch'i nach draußen verlorengeht und nur mit großen Anstrengungen der Kraftpegel gehalten werden kann. Hinzu kommt noch, daß Wintergärten in der Regel eckig angelegt und Winkel und Nischen dort beliebt sind. Hier gilt es, gezielt dem Energieverlust entgegenzuwirken.

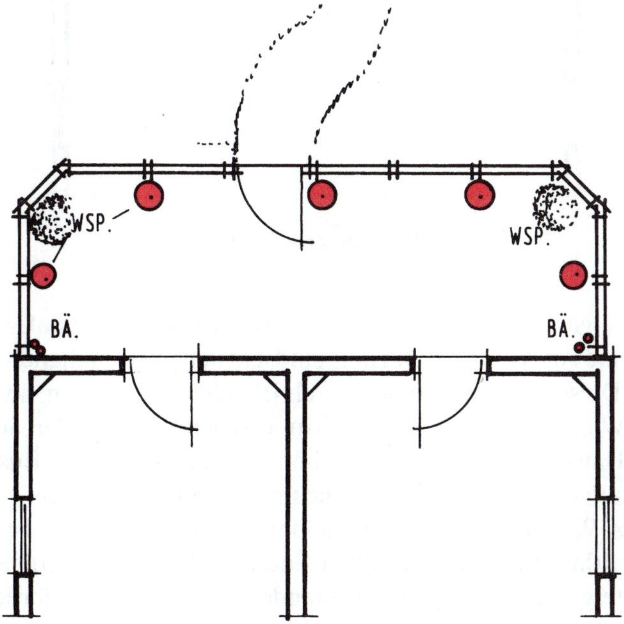

Abb. 35: Idealer Wintergarten

Der Wintergarten in Abbildung 35 (S. 101) ist sehr günstig, da seine Breite den Außenmaßen des Gebäudes entspricht und durch ihn nicht noch zusätzliche Ecken entstehen. Er hat schräge Außenkanten, die Innenkanten sind durch Bänder gerundet. In regelmäßigen Abständen sorgen Windspiele oder Energiekarte für Blockierung des nach außen strebenden Ch'i.

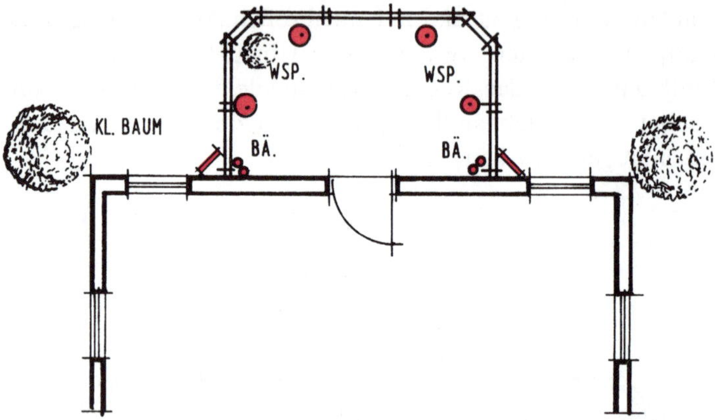

Abb. 36: Kleinerer Wintergarten

Wintergärten dieser Form (Abbildung 36) sieht man häufig. Da sie eine Art Vorbau zum Haus sind, entstehen zusätzliche Winkel. Diese kann man außen durch Blenden entschärfen, so daß der Wintergarten runder angebaut erscheint. Die beiden äußeren Hauskanten lassen sich schön durch Bäume oder Büsche neutralisieren, die zudem die kosmische Kraft anziehen.

Im Wintergarten sorgen Bänder in den Ecken, Windspiele und Pflanzen für einen hohen Energiegehalt. Eine gerade im Wintergarten leicht zu realisierende und wegen des erforderlichen Feuchtigkeitsgehaltes sinnvolle Maßnahme wäre übrigens noch ein Brunnen.

Der Balkon

Der sehr häufig anzutreffende Balkon aus Abbildung 37 weist aufgrund seiner rechteckigen Form eine Reihe zusätzlicher Kanten und Ecken auf, die links und rechts zur Hauswand hin durch eine kleine schräge Abdeckplatte gerundet sind.

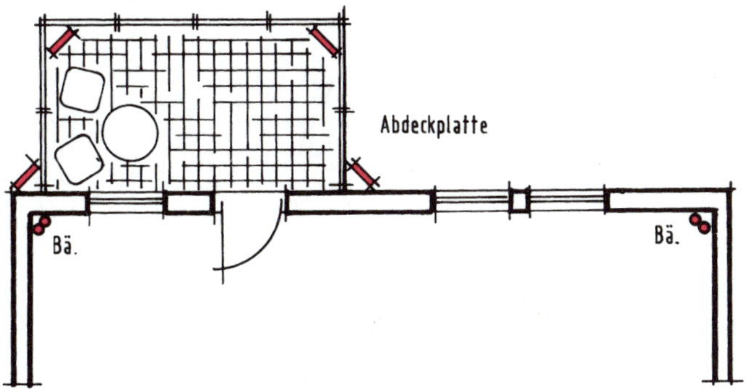

Abb. 37: Herkömmlicher Balkon

Schöner wären an dieser Stelle natürlich Pflanzen, die sich am Haus emporranken. Allerdings stößt man häufig auf Widerstand aus unterschiedlichen Richtungen gegen solche Hausbepflanzungen. Die inneren Balkonecken sind durch kleine Eckregale oder schräge Stellwände gerundet. Besonders empfehlenswert sind an der Stelle kleine Gerüste, die man farbig bepflanzt oder beranken läßt.

Um die Energie auf dem Balkon zu stabilisieren, könnte man in den beiden Ecken an der Wandseite farbige Bänder oder Hängepflanzen anbringen, ebenso wie an der kleinen Zwischenwand zwischen Fenster und Balkontür.

Farblich bietet der Balkon den unschätzbaren Vorteil, daß

man ihn jedes Jahr völlig neu gestalten kann. In diesem Bereich können Sie Ihren wechselnden Farbvorlieben nachgeben und Ihrer Kreativität freien Lauf lassen. Sie können Ihrem Bedürfnis nach farblicher Harmonie entsprechen, indem Sie einen Zweiklang von Farben wählen (Orange und Indigoblau oder Grün und Magenta) oder einen Dreiklang (Grün, Violett und Rot oder Gelb, Blau und Magenta).

Der Garten

Die in Abbildung 38 (S. 106) dargestellte Gartenform ist die Folge einer Parzellierung, die sich nicht an natürlichen Erfordernissen orientiert, sondern den Einschränkungen durch Bebauungspläne unterworfen ist. Dennoch können wir den Garten so gestalten, daß sich in ihm Energie ansammelt, die zum Haus hingelenkt wird: Die schroffe, kantige Form des hinteren Gartens wird durch die Anlage einer rundherum wachsenden niedrigen Hecke, etwa einer Buchsbaumhecke, gemildert. Das Ch'i bleibt in diesem Bereich erhalten.

Zusätzlich werden die Eckenbereiche durch höhere Gewächse wie Büsche oder einen Baum und einer Sitzecke zur Linken sowie einem Teich im oberen rechten Eck gerundet. Die Blickrichtung zum Hauseingang von der Sitzecke aus erhöht das Geborgenheitsgefühl und Wohlbefinden der Menschen, die sich dort aufhalten. Auch sollte man idealerweise gen Süden schauen, weil so hohes Ch'i angezogen wird.

Der Teich hat als stehendes Gewässer zwar nicht die gleiche energetische Kraft wie ein fließendes, dennoch hilft das Wasser, die Atmosphäre positiv aufzuladen und zu ionisieren. Man könnte im übrigen leicht eine Fontäne aus dem Teich springen lassen und so eine stärker vitalisierende Bewegung herstellen. Die Öffnung des Teiches sollte zum Gebäude weisen.

Durch die rechts neben dem Haus angepflanzten Bäume und die Hecke wird verhindert, daß sich die Gartenenergie an dieser Hausseite diffus zerstreut, während an der linken Seite eine kleine Öffnung zwischen den Anpflanzungen eine Zufuhr von Ch'i ermöglicht.

Der Garten in Abbildung 39 (S. 107) besitzt energetisch sehr gute Grundvoraussetzungen: Er ist von quadratischer Form,

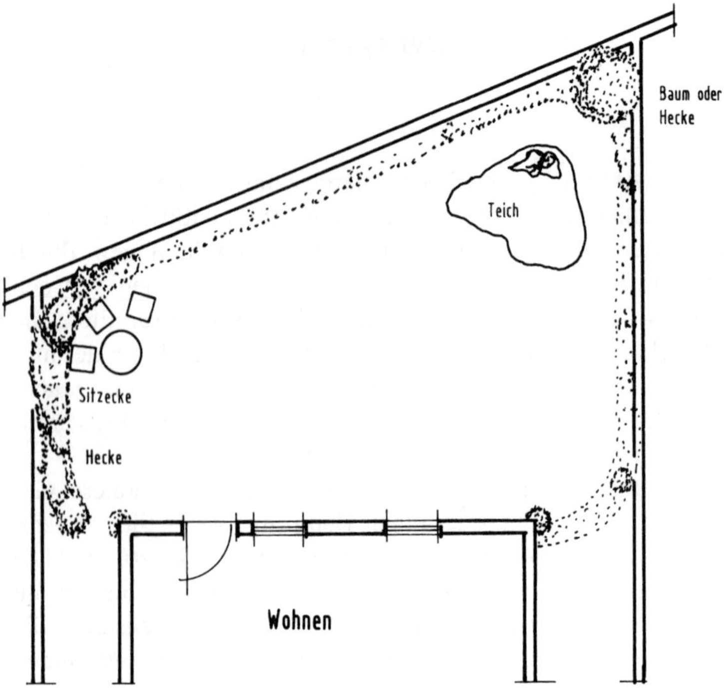

Abb. 38: Ungünstiger Grundriß eines Gartens

wobei seine Ecken durch Bäume beziehungsweise rechts unten durch einen kleinen Geräteschuppen gerundet sind. Diagonal zum Hauszugang steht vor dem Baum in der rechten oberen Ecke eine Bank, von der aus man in einer Linie die Tür zum Haus und den vitalisierenden Brunnen im Blick hat. Dessen Kraft teilt sich dem Garten und auch dem Haus mit.

Die runde Weganlage fördert den Ch'i-Fluß, der zum Haus geleitet wird. Sensible Pflanzen, die viel Kraft und Pflege benötigen, Heilkräuter und Nutzpflanzen sollten innerhalb der Wegrundung angepflanzt werden, da die hierin befindliche hohe Energie sie gut gedeihen läßt. Allerdings sollten sie nied-

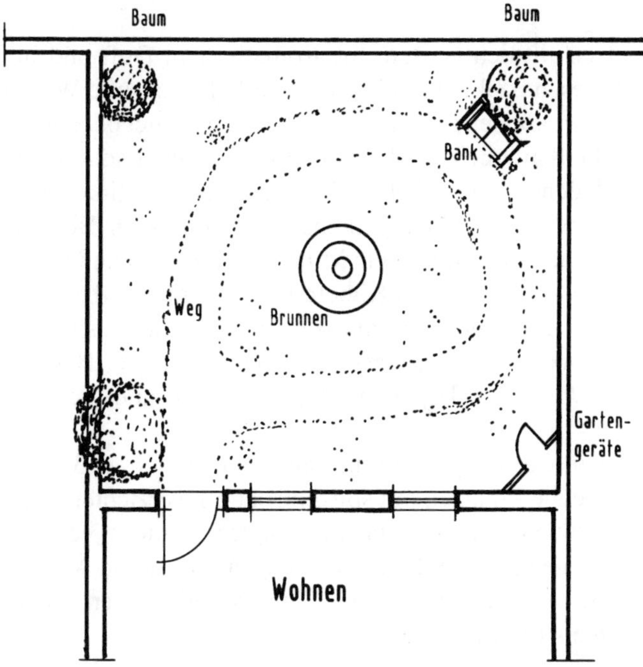

Abb. 39: Idealer Garten

rig sein und nicht den Brunnen überragen. Farbenfrohe Zierpflanzen eignen sich besonders an der linken Gartenseite. Auf jeden Fall soll der Blick sowohl vom Haus als auch von der Bank aus den gesamten Garten erfassen können.

Kräutergarten

Falls der Bereich innerhalb der Wegrundung in Abbildung 39 hell und sonnig ist, bietet sich an dieser Stelle die Anlage eines Kräutergartens an. Dieser hat einen dreifachen Vorteil: Er sieht hübsch aus, da die meisten Kräuter farbige Blüten aufweisen; er erfüllt den Garten mit aromatischem Duft und liefert zudem geschmacklich und gesundheitlich wertvolle Würzmittel. Kräuter können zu heilsamen Tees verarbeitet oder getrocknet als Duftsträußchen oder in Duftkissen verwendet werden.

Die Küchenkräuter Petersilie, Schnittlauch, Minze, Kerbel, Engelwurz und Sellerie gedeihen auf neutralem Boden. Zu stark wuchernde Kräuter wie Minze, Meerrettich und Beinwell sollte man am ehesten in Kübeln halten. Kräuter, die Ihnen in Ihrem Garten Freude bereiten können, sind überdies Estragon, Gartenfenchel, Ysop, Liebstöckel, Salbei, Nelke, Basilikum, Lorbeer, Oregano, Thymian, Dill, Rosmarin und die Winterzwiebel.

Für den Garten gilt wie für den Innenbereich, daß man auf attackierende Pflanzen mit spitzen Blättern verzichtet und statt dessen Bäume und Büsche mit runden Blättern verwendet. Ebenfalls geeignet sind weiche Nadelbäume, deren Äste leicht nach oben geschwungen sind. Fichten und Tannen hingegen gehören eher in den Wald.

Schattenbepflanzung

Je nach Bodenbeschaffenheit könnte man schattige Ecken folgendermaßen bepflanzen: In feuchtem Schatten gedeihen Efeu, immergrüne Bodendecker, Herbstanemonen und Schusterpalmen, Funkien und Königsfarn, auch die Staude Korsika-Schneerose. Bei trockenem Schatten bietet sich eine andere Auswahl an Pflanzen an: Hier eignen sich Fingerhut, Geißblatt, Frauenmantel, Mahonie, Löffelblatt, Liriope, Duftblüte, Kaukasus-Efeu, Kriechendes Pfaffenhütchen, Kriechender Günsel und Winterjasmin. Sorgen Sie für eine regelmäßige organische Düngung dunkler Bereiche, damit dort die Feuchtigkeit besser gehalten werden kann.

Kletterpflanzen

Kletterpflanzen erfüllen im Sinne des Feng-Shui in idealer Weise die Aufgabe, Kanten und Ecken zu runden und deren attackierende Eigenschaften aufzuheben. Für Mauern eignen sich Efeu, Wein und Kletterhortensie sehr gut, da sie Haftwurzeln besitzen. Man darf aber nicht zuviel Efeu an den Mauern wachsen lassen, da man sonst ein sogenanntes Yin-Haus oder auch Geisterhaus hat und man damit entweder Hautprobleme oder auch Atemwegsprobleme erzeugen könnte. Man soll aber in Yang-Häusern, also Lebenshäusern leben. Es ist dabei zu beachten, daß man den Efeu in einem Abstand von vierzig Zentimetern zur Hauswand hält. Dies kann durch Kletter- oder sogenannte Rankgerüste gemacht werden. Um Spaliergestelle und Pergolen ranken sich Schlingpflanzen, etwa Waldreben, oder auch Geißblattarten, die ihre Zweige normalerweise in andere Wirtspflanzen schieben, wie es auch die Kletterrosen tun. Einige Sorten kann man nur an Mauern hochziehen, etwa das Spalierobst, die Rosenquitte und den Feuerdorn. Zu den immergrünen Kletterpflanzen gehören der Efeu, das Pfaffenhütchen und das Immergrüne Geißblatt. Das Immergrüne Waldgeißblatt ist besonders hervorzuheben, da seine gelben Blüten im Sommer einen starken Duft verströmen, besonders am Abend, wo er alle Arten von Nachtfaltern anzieht.

Die Rostrote Rebe, ein Kletterwein, färbt sich im Herbst orange bis dunkelrot, bevor sie ihre Blätter verliert. Auch andere Ranker sind nur sommergrün, etwa der schnellwüchsige Schlingknöterich und die Pfeifenwinde mit ihren herzförmigen Blättern und den hängenden gelben, grünlichen oder braunen Blüten.

Zwiebelpflanzen

Hübsch wirken Zwiebelpflanzen, die ganz natürlich auf Wiesen wachsen und in verschiedener Form das ganze Jahr über auftauchen: Im Januar und frühen Februar zeigen Winterlinge und Schneeglöckchen das Ende des Winters an. Dann folgen die frühen Reifrocknarzissen und die Krokusse. Sie werden von Anemonen, Dichternarzissen und Traubenhyazinthen abgelöst, in deren Reigen sich schließlich alle Arten von Tulpen reihen. Im Frühsommer erscheinen die leuchtenden Holländischen Schwertlilien, im Hochsommer die Lilien, Montbretien und Gladiolen, und am Ende des Jahreskreislaufs erfreuen uns die Herbstzeitlosen und Herbstkrokusse mit ihren wunderschönen, leicht melancholischen Farben und Formen.

Fleißige Gärtner können in ihrem Garten stärker noch als auf dem Balkon ihrer Kreativität vor allem im farblichen Bereich freien Lauf lassen. Hierbei sollte man aber nicht unüberlegt und spontan pflanzen, sondern sich genau überlegen, welche Blumen sich farblich aufeinander abstimmen lassen beziehungsweise wie ein Farbton in einer bestimmten Umgebung wirkt.

Die Verwendung von Weiß und Creme

Will man eine Rabatte nur mit Weiß bepflanzen, ist viel Grün rundherum nötig, damit das Beet nicht kalt wirkt. Sehr ausdrucksstark wirken weiße Pflanzen, wenn sie mit Gräsern zusammenstehen. In Nachbarschaft mit anderen farbigen Pflanzen wirkt Weiß aufhellend. Im Gegensatz zu weißen haben cremefarbene Pflanzen von Natur aus eine warme Ausstrahlung. Sie schwächen leuchtende Farben ab und sehen sehr schön aus vor kräftigem Grün oder Tiefrosa. Wunderschöne Weiß-Creme-Kombinationen gehen von Beeten aus, die u. a.

mit Schleierkraut, Petunien, Spinnenpflanzen, Sommerphlox, Ziertabak, Prunkwinden, Goldmohn, Schleifenblume und dem hellen Fleißigen Lieschen bepflanzt sind.

Die Verwendung von Rot, Gelb und Orange

Rot, Gelb und Orange sind die typischen sommerlichen Blütenfarben. Wenn Sie in eine von diesen Farben geprägte Rabatte Einjährige pflanzen, sollten Sie bedenken, daß Einjährige häufig sehr grell gefärbt sind und daher einen wohlüberlegten Standort brauchen, am vorderen oder seitlichen Rand, nicht jedoch hinten im Garten. Das verzerrt den optischen Eindruck und läßt alle anderen Blumen blaß und unscheinbar wirken. Mit dazwischen gesetzten helleren Pflanzen kann man Gelb-, Rot- und Orangetöne abschwächen, insbesondere mit weißen, zitronengelben oder auch rosafarbenen. Auch mit Purpurrot kann man leuchtende Töne wirkungsvoll abschwächen.

Bei einem Blumenbeet, auf dem rote, gelbe und orangefarbene Töne vorherrschen sollen, hat man eine große Auswahl an Stauden wie auch einjährigen Pflanzen: Studentenblumen, Zinnien, Schwarzäugige Susanne, Sonnenblumen, Ringelblume, Nemesien, Löwenmaul, Gazanien und Kokardenblumen.

Die Verwendung von Blau

Mit Blau im Garten sollte man vorsichtig umgehen, da seine starke Wirkung zu ungewollter Dominanz führen kann. Am besten orientiert man sich an den Farben der Natur: Dort wo sommerlicher Schatten zu blaugrüner Tönung führt oder ein strahlendblauer Himmel seine Farbe auf die Erde projiziert, wäre ein blaues Beet in mittlerer Proportion angemessen. Man kann hier blaue Kissen, die Trichterwinde, Feldrittersporn, Marienglockenblume, Petunie, Prunkwinde, Jungfer im Grünen, Heliotrop, Trompetenzunge, Sommeraster und Leberbalsam delikat miteinander kombinieren.

Das persönliche Wohlbefinden hängt stark von der Wirkung der Farben ab, deshalb sollte auf die Farbauswahl im Garten besondere Aufmerksamkeit gerichtet werden.

Hecken

Da Hecken in der Feng-Shui-Tradition eine besondere Rolle spielen, wollen wir hier praktische Hinweise zu deren Verwendungsmöglichkeiten und Pflege geben. Einige Sorten müssen seltener als andere geschnitten werden. Wenig Schnitt benötigen die Berberitze, der Feuerdorn oder die Eskallonie. Häufiger müssen die Buche, Hainbuche, Scheinzypresse, Heckenkirsche, Eibe, der Buchsbaum und der Liguster geschnitten werden. Die Mühe allerdings kann sich lohnen. Besonders Buchsbaum und Eibe bieten sich für die interessantesten Formierungen an: Mit dem Buchsbaum gestaltet man dichte Hecken in jeder gewünschten Form, mit der Eibe kann man hübsche Bogengänge schaffen.

Wichtig ist, daß man Heckenpflanzen nicht zu dicht nebeneinandersetzt, da sie sonst absterben. Auch wenn es zunächst etwas Geduld erfordert, bis eine Hecke dicht genug steht, sollte man unbedingt folgende Pflanzabstände einhalten:

Buchsbaum	30–45	cm
Echter Lavendel	30	cm
Goldgelbe Eibe	50	cm
Hainbuche	45	cm

Heckenkirsche	27,5 cm
Leyland-Zypresse	75 cm
Liguster	50 cm
Lorbeerkirsche	70 cm
Rotbuche	47,5 cm
Thunberg-Berberitze	30 cm
Zypressenkraut	25 cm

Sträucher

Solche genauen Pflanzabstände lassen sich für Gehölze nicht festlegen. Hier kann man nach der ungefähren Maßgabe verfahren, daß große Sträucher einen ungefähren Abstand von zwei Metern, mittelgroße Sträucher einen Abstand von eineinhalb Metern und kleine Sträucher einen Abstand von einem Meter benötigen.

- Große Sträucher: Sommerflieder, Hortensien, Zwergmispeln, Pfeifenstrauch, Feuerdorn und Schneeball.
- Mittelgroße Sträucher: Strauchrosen, Berberitze, Besenginster, Gartenhortensie, David-Schneeball.
- Kleine Sträucher: Strauchveronika, Rosmarin, Greiskraut und Japan-Skimmie.

Steine, Teiche, Bäume, Parkplätze

Einige Angaben zur Lage von Gesteinsgebilden, Fischteichen, Bäumen und Parkplätzen bezogen auf die Himmelsrichtung werden von Feng-Shui-Beratern streng beachtet:

	Steine	Teiche	Bäume	Parkplätze
Osten	nein	ja	ja	ja
SO	nein	ja	ja (Weide/ Bambus)	ja
Süden	nein	ja	nein	nein
SW	nein	neutral	nein	nein
Westen	ja	ja	nein	nein
NW	ja	ja	nein	ja
Norden	ja	ja	neutral	nein

Material, Form und Geschäftserfolg

Seit Jahrhunderten wird Feng-Shui in China vor jedem Neubau konsultiert, und Ärzte beziehen Feng-Shui in die Behandlung ihrer Patienten ein, da sie die Menschen nicht losgelöst von ihrer alltäglichen Umgebung sehen. Auch bei uns werden zunehmend Feng-Shui-Experten hinzugezogen, wenn es darum geht, Banken und Geschäftshäuser neu oder umzubauen. Viele Amerikaner und Europäer erkennen allmählich, daß Feng-Shui-Regeln nicht auf Aberglauben, sondern auf gesundem Menschenverstand und der Kenntnis und sensiblen Achtung der Natur beruhen.

Geschäftserfolg durch Feng-Shui

Der geschäftliche Erfolg läßt sich durch eine große Anzahl von Maßnahmen absichern, das fängt schon beim Geschäftsnamen an. Er entscheidet erheblich über Erfolg oder Mißerfolg eines Produktes. Er ist wie ein Mantra zu verstehen: Je höher die Schwingung der Vokale ist, desto größer der Erfolg, Doppelvokale z. B. verstärken die Wirkung. Beispiele für erfolgversprechende Namen sind Coca-Cola, Toyota, General Motors. Ein Produkt von geringer Feng-Shui-Kraft auf den Markt zu bringen, bedarf enormer Anstrengung.

Die systematische Überprüfung von Konkursen ergibt, daß das Feng-Shui der Geschäfte schlecht war. In einem ungünstigen Gebäude aber ist auch das Feng-Shui der darin arbeitenden Personen gering, sie verlieren allmählich ihre Ausstrahlung und arbeiten weniger effektiv, was sich besonders auf der Managerebene verheerend auswirken kann.

Expansion braucht Erdung

Gelegentlich beobachtet man, wie zwei Geschäftshäuser durch einen brückenartigen, überdachten, häufig verglasten Bogengang miteinander verbunden wurden, etwa wenn durch geschäftliche Expansion einem Gebäude ein benachbartes hinzugefügt wurde. Ungünstig an dieser Konstruktion ist die fehlende Erdung in diesem Bogengang, deshalb sollte dieser immer nur kurzfristig benutzt werden.

Sitzordnung bei einem Geschäftsessen

Geschäftlicher Erfolg hängt nicht selten vom Gelingen eher informeller Veranstaltungen wie etwa eines zu Ehren des Kunden oder Geschäftspartners veranstalteten Dinners ab. Hierbei kann eine Sitzanordnung nach Feng-Shui-Regeln die Harmonie und Zufriedenheit aller Beteiligten steigern und erfreuliche Ergebnisse bewirken. Der Hauptgast sitzt rechts neben dem Gastgeber, der seinerseits den Eingang sehen muß. Der zweite Gast sitzt rechts daneben, dann folgt der dritte Gast beziehungsweise die Frau des Hauptgastes. Ihr gegenüber sitzt der zweite Gastgeber. Dann folgen die Tafel entlang die weiteren Teilnehmer entsprechend ihrer Bedeutung. Der Dolmetscher sollte seitlich neben den beiden Hauptgesprächsteilnehmern sitzen.

Richtige Formen und Materialien

Entsprechend der Elementelehre sollte man die Form und das überwiegend verwendete Material eines neuen Gebäudes seiner Funktion anpassen.

Holz

Die hohe, aufrechte Holzform eignet sich für militärische oder religiöse Bauwerke wie Monumente, Säulen, Obeliske, Pagoden und Wachtürme. Gebäude der Holzcharakteristik unterstützen produktive und nährende Prozesse und eignen sich für Kindergärten, Krankenhäuser, Wohnhäuser, Restaurationsbetriebe und Künstlerateliers. Innerhalb eines Hauses hat das Holzelement einen guten Einfluß auf das Eß- und Kinderzimmer.

Im beruflichen Bereich profitieren besonders Entwicklungs- und Architekturbüros von diesem Element.

Feuer

Das durch spitze Formen charakterisierte Feuerelement findet sich häufig in spitzen Dächern und Kirchtürmen. Wohngebäude sollten laut Feng-Shui wegen der von ihnen ausgehenden latenten Brandgefahr nicht in direkter Nachbarschaft zu diesen Türmen stehen.

Hingegen eignen sich Feuerformhäuser für Bibliotheken und Stätten, in denen gelernt wird, sowie für die Mode- und Designbranche. Fabrikationsbetriebe, die mit Feuer arbeiten, können wirkungsvoll durch die Feuerform unterstützt werden.

Erde

Die niedrige, glatte, schmucklose Form des Erdelementes findet sich in Flachgebäuden. Auf materialer Ebene wird es durch Ton und Ziegel verkörpert.

Gebäude dieser Struktur sind zwar solide, dauerhaft und zuverlässig, üben aber keinen stimulierenden Einfluß aus. Sie eignen sich als Lagerhäuser. In einem Wohnhaus sollte man diesen Bereich als Vorratsraum oder Garage benutzen.

Metall

Das Metallelement drückt sich in runden, geschwungenen Kuppeldächern religiöser Bauten aus. Es wird zu Geld und kommerziellem Erfolg in Beziehung gesetzt, weswegen es sich für Banken eignet, deren Gebäude vorzugsweise Hallen mit Kuppeldächern haben sollten. Im Sinne des Feng-Shui eignet sich diese Kuppelform für Geschäftshäuser am besten, da sie finanziellen Erfolg sichert. Ersatzweise übernehmen auch Bögen oder gerundete Zierformen diese Metallfunktion. Nicht zufällig haben die großen alten Bahnhöfe gewaltige kuppelförmige Dächer, denn mit Aufkommen der Eisenbahn wurde das industrielle Zeitalter eingeläutet.

In einem Privathaus sollte der Metallbereich als Werkraum genutzt werden.

Wasser

Das Wasserelement als formales Prinzip von Gebäuden ist durch Unregelmäßigkeit der Konstruktion gekennzeichnet, was häufig einen unruhigen, zusammengestückelten Eindruck vermittelt. Als Element der Kommunikation eignet sich Wasser für alle Orte, an denen Ideen übermittelt werden, also im gesamten Medien-, Computer- und Werbebereich, ebenso für Literatur, Kunst und besonders Musik. Viel zitiert wird in diesem Zusammenhang die Skyline des Opernhauses von Sydney. Auch Unternehmen, in denen Flüssigkeiten eine große Rolle spielen, profitieren von dem Wasserelement, beispielsweise Brauereien und Getränkehersteller.

Als Material ist dem Wasserelement Glas zugeordnet, das in vielen modernen Gebäuden vorherrscht. Hier muß man allerdings das Glas so präparieren, daß das Ch'i nicht auf breiter Fläche entweicht, sondern im Raum gehalten werden kann. Es darf nie als alleiniges Material verwendet werden.

Im Wohnbereich dient Wasser in erster Linie dem Zweck der

Reinigung und ist daher günstig in Bad, WC, Waschküche oder Vorratskammer repräsentiert.

Praktische Erwägungen zu Baumaterialien

Neben den Bedeutungen, die die Elementelehre Material und Form zuschreibt, sollten wir auch einen Blick auf die praktische Seite der zur Verfügung stehenden Baumaterialien werfen. Bei der Entscheidung, ob man überwiegend mit Holz, Beton, Lehm, Ziegel oder Kalksandstein arbeitet, sollte man auch ökologische Kriterien bedenken. Das heißt, der Baustoff sollte möglichst energiesparend hergestellt worden sein, und umweltschädigende Schadstoffe dürfen bei diesem Prozeß nicht freigesetzt werden. Weitere Bedingungen, die Baumaterialien erfüllen sollten, sind ihre langfristig energiesparende Wirkung sowie die Erzeugung eines gesunden Wohnklimas.

Ohnehin sehen Wärmeschutzverordnungen mittlerweile nur noch den Bau von Niedrigenergiehäusern, also wärmedämmend gebauten Häusern, vor.

Baustoff Beton

Beton besteht aus einer Mischung aus Kies, Sand, Wasser und Bindemitteln und wirkt feuchtigkeitsanziehend. Bedauerlicherweise wird heutzutage immer öfter mit diesem problematischen Baustoff gearbeitet. Bei seiner Herstellung wird viel Energie verbraucht, und es können gesundheitsgefährdende Schadstoffe wie Blei und Cadmium frei werden.

Beton ist nicht nur eher kalt und häßlich, sondern zeichnet sich auch noch durch eine schlechte Wärmedämmung aus.

Baustoff Kalksandstein

Unter hohem Dampfdruck wird der weiße Kalksandstein aus

der Mischung Kalk, Quarzsand und Wasser gehärtet, was ihn zu einem schwer zu bearbeitenden Material macht. Löcher in Kalksandsteinwänden lassen sich nur unter großer Kraftaufwendung bohren.

Auch Kalksandstein muß zusätzlich gedämmt werden, allerdings besitzt er eine relativ hohe Wärmespeicherkraft, und er ist ein guter Schalldämmer.

Baustoff Holz
Ein ökologisch empfehlenswerter, warmer Baustoff ist das relativ energiearm produzierte Holz, das eine ausgeprägt wärmedämmende Wirkung hat. Holz lebt nach dem Schlagen weiter, das heißt es darf nicht sofort verwendet werden. Am günstigsten ist es, das Holz mindestens ein Jahr ruhen zu lassen, damit es bei der Weiterverarbeitung von innen richtig trocken ist. Für den Innenausbau ist Kiefer gut geeignet, für außen das wetterfestere Lärchenholz. Tragende Teile sollten aus Hartholz wie Eiche fabriziert werden.

Wenn Holz richtig verarbeitet und eingebaut wird, kann man auf chemische Holzschutzmittel verzichten und statt dessen auf natürliche Pflegemittel zurückgreifen: Für den Innenbereich nimmt man Wachs oder eine Lasur, für außen Lasuren.

Baustoff Ziegel
Auch wenn gelegentlich aus ökologischer Sicht Ziegel als Material angegriffen wird, ist es doch ein empfehlenswertes Naturprodukt, das bei Temperaturen zwischen achthundert und tausenddreihundert Grad aus Lehm und Ton gebrannt wird. Der Einwand richtet sich gegen die beim Brennen entstehenden Giftgase, wobei allerdings gesagt werden muß, daß die Ziegeleien in der Regel dazu übergegangen sind, Rauchgasreinigungsanlagen zu verwenden und so die Umweltbelastung gering zu halten.

Ziegelsteine nehmen Feuchtigkeit auf und schaffen somit ein gesundes, ausgeglichenes Raumklima. Zudem sind sie hervorragende Wärmedämmer.

Baustoff Lehm
Noch besser als Ziegel reguliert Lehm die Luftfeuchtigkeit in einem Raum. Besonders für Allergiker ist Lehm daher ein hautschonendes, gesundes Material. Als reines Naturprodukt ist Lehm ökologisch unbedenklich, er bindet schlechte Gerüche und ist feuersicher. Allerdings ist er als Baumaterial eher in südlich-heißen Regionen geeignet als in unseren Breiten, wo er durch Feuchtigkeit seine positiven Eigenschaften verliert. Auf Natursteinfundament kann man Lehmherde bauen, die über eine hervorragende Speicherkapazität verfügen.

Für Fachwerk bietet das Gemisch Stroh/Lehm eine umweltfreundliche und zudem preiswerte Isolation.

Materialien der Inneneinrichtung

Nicht weniger wichtig sind die Materialien, die man bei der Einrichtung seines Hauses oder seiner Wohnung verwendet. Verwirrend ist die Vielfalt der Fasern, aus denen Sitzmöbelbezüge oder Teppiche bestehen, schwer durchschaubar ist auch die Palette der Produkte, die zum Innenanstrich angeboten werden. Auf einige Inhaltsstoffe sollten Sie achten, wenn Sie eine neue Einrichtung Ihrer Wohnung in Erwägung ziehen.

Auch hier gilt grundsätzlich, daß man nachwachsende Rohstoffe verwenden und solche Produkte vermeiden sollte, zu deren Herstellung viel Energie verbraucht wird.

Bei Farben und Lacken vermeiden Sie solche, die die Lösungsmittel Toluol, Xylol und Testbenzine enthalten, zugunsten von Naturharz- und Acryllacken, Dispersionsfarben und

Leimkalkfarben. In den meisten herkömmlichen Klebern sind giftige Lösungsmittel enthalten. Verwenden Sie möglichst Kleber auf Wasserbasis, Kleister beziehungsweise Holzleime. Abbeizmittel sollten keine Chlorwasserstoffe enthalten.

Holzschutzmittel werden gegen Frost, Feuer, Witterungseinflüsse, Pilz- und Insektenbefall sowie Fäulnis eingesetzt. Sie enthalten hochgiftige Quecksilber- und Phosphorverbindungen.

ABS-Kunststoffe werden in der Welt am häufigsten verwendet. Sie kommen in Haushaltsgeräten, Telefonen, Möbeln, Radio-, Fernsehgeräten, Spielzeugen und Rohren vor, außerdem laden sie sich radiästhetischen Messungen zufolge mit Elektrosmog auf. Gesundheitsrisiken sind die darin enthaltenen krebserregenden Stoffe wie die sogenannten Restmonomere Acrylnitril, Butadien und andere. Acrylharz enthält ebenfalls Acrylnitril sowie Kopolymerisate und Metaacrylsäuren. Diese wiederum kommen vor in Beleuchtungskörpern, Badewannen, Waschbecken, Acryllacken, Klebstoffen, Farben, Grundierungen und Imprägnierungen und sind krebserregend. Übrigens wurden sie bereits 1977 aufgrund ihrer karzinogenen Wirkung in Cola-Flaschen verboten. Das Acrylnitril wird auch in Acrylwolle und -fasern in Teppichen, Vorhängen, Bekleidungstextilien und Decken verwendet. Hier sollte man auf natürliche Fasern zurückgreifen.

Bei Lampen achten Sie darauf, daß sie keine alten Leuchtstoffröhren von vor 1983 benutzen. Diese müssen entsorgt werden. Halogenlampen sollten unbedingt einen störungsfreien Trafo haben und mit einem UV-Schutz ausgerüstet sein. Parkett und PVC werden oft mit Kunststofflacken versiegelt, die Isozyanate und Formaldehyd enthalten. Eine gesündere Alternative besteht darin, sich Massivparkett verlegen und naturharzversiegeln zu lassen. Auch gibt es Linoleum-Kork-Böden ohne Kunststoffbeschichtung.

Beim Kauf von Sitzmöbeln und Matratzen sollten Sie sich die Schadstoffgrenzwerte schriftlich bestätigen lassen, da man hier Antimon, PCP, Biozide und Formaldehyd vorfinden kann.

Die für den Innenausbau oder für Regale beliebten Spanplatten enthalten Formaldehyd und Isozyanate. Achten Sie auf biologisch hergestellte Platten. Auch in Teppichböden kann man oft das gefährliche Formaldehyd, aromatische Amide, Lösungsmittel und Pyrethroide nachweisen. Problemlos hingegen sind Teppichböden mit Rückenbeschichtung und unbehandelte Naturbeläge aus Wolle, Sisal und Kokos.

Formaldehyd ist hoch toxisch und muß aus der Lebensumgebung entfernt werden. Es findet sich in Schaumstoff, Spanholz, Kleidung, Teppichböden, Möbeln, Papierwaren, Haushalts- und Reinigungsmitteln. Es schädigt das Zelleiweiß und führt so zum Absterben von Zellen. Formaldehyd erzeugt Kopfschmerzen, Augenreizung, Reizung der oberen Atemwege, Asthma, Schlaflosigkeit, Nervosität, Gedächtnisschwund, Depressionen und Müdigkeit. Dieser Giftstoff wird teilweise absorbiert von Philodendron, Spinnenpflanzen, Birkenfeige, Kornpflanzen oder Chrysanthemen, dennoch sollte man unbedingt formaldehydhaltige Teile der Inneneinrichtung (wie Spanplatten) austauschen.

Benzol kommt vor in Zigarettenrauch, Benzin, synthetischen Fasern, Kunststoffen, Tinte, Öl, Reinigungs- und Desinfektionsmitteln. Es erzeugt Haut- und Augenreizungen, Kopfschmerzen, Appetitmangel, Schläfrigkeit, Leukämie und andere Bluterkrankungen. Es kann durch Efeu, Chrysanthemen, Gerbera, Marginata und Friedenslilien teilweise gemildert werden.

Trichloräthylen kann in Tinte, chemischen Lacken, Möbelpolitur, Farben, Klebstoffen und nach chemischen Reinigungen in Kleidern vorkommen. Es erzeugt Leberkrebs und läßt sich durch Gerbera, Chrysanthemen, Friedenslilien und Marginata neutralisieren.

Asbest ist ein Sammelname für silikatische Mineralfasern, die in über dreitausend Produkten verwendet werden, unter anderem in Dachplatten, Fassaden- und Feuerschutzwänden, Rohrleitungen, Fensterkitt, Dichtungsmaterialien, Fußbodenbelägen, Blumenkästen, Haartrocknern, Fliesenklebern. Asbeststaub, der beispielsweise durch Abnutzung frei wird, kann zu Asbestose, einer Staublungenerkrankung, führen.

Blei wird in Pigmenten von Kitt, Lack und Farbe verwendet. Es wirkt sich auf Leber, Niere, Nervensystem, die Blutbildung und das Knochenmark störend aus.

Cadmium ist ebenfalls ein gefährlicher Stoff, der zu Fieberanfällen bis hin zum Ausfall des Geruchssinns, Knochenveränderungen und Leber- und Nierenschädigungen führen kann. Cadmium ist als krebserregendes Mittel nachgewiesen. Es findet sich in Plastikspielzeug (!), in gefärbtem Kunststoff, Kochgeschirr, als Stabilisator für PVC, z. B. auch für Kunststofffensterrahmen, in Außenlacken und Metallüberzügen.

Bedauerlicherweise ist diese Liste nur ein kleiner Ausschnitt aus der riesigen Menge an gefährlichen, stark toxischen und extrem gesundheitsschädigenden Mitteln, von denen wir tagtäglich umgeben sind (vgl. dazu: Ingrid Kraaz von Rohr: *Wegweiser natürliche Umweltmedizin*, Freiburg 1992).

Hauspflege

Ein Haus sollte immer gepflegt sein. Sauberkeit und Ordnung sind nicht nur in Privat-, sondern auch in Geschäftshäusern unerläßliche Voraussetzung für Gesundheit, Glück und materiellen Erfolg ihrer Bewohner. Mangelnde Pflege, mangelnde Sauberkeit und Unordnung führen zu stehendem, schlechten Ch'i. Kaputte Teile, gesprungene Fensterscheiben, undichte Dächer, verstopfte Rohre und vollgestopfte Zimmer und Flure haben die gleichen Auswirkungen wie Stauungen oder Schädigungen innerhalb eines menschlichen Körpers.

Der Pflege des Badezimmers kommt eine besondere Bedeutung zu, da sie Auswirkungen auf die Verdauung hat. Ist ein Bad sauber, aufgeräumt und klar, das heißt ist in ihm für eine gute Ch'i-Strömung gesorgt, kommt auch der Verdauungskreislauf im menschlichen Körper in einen Fluß.

Das Haus in seiner Gesamtheit kann infolge fehlender Pflege ähnliche Leiden bekommen wie ein Mensch, auf dessen Organismus wiederum sich die Störung des Hauses überträgt. Man kann aufgrund einer allgemeinen Schwächung des Immunsystems leichter infiziert werden.

Fehlende Sauberkeit und Pflege in einem Geschäftshaus führen bald schon zu zurückgehenden Umsätzen und Gewinnen und einer Verschlechterung des Betriebsklimas. Angestellte werden häufiger krank und leiden an Lustlosigkeit bei der Arbeit.

Dagegen sorgen Pflege auf der einen, die Vermeidung von Schadstoffen auf der anderen Seite zusammen mit methodischer Beachtung der Feng-Shui-Erkenntnisse für geistiges, seelisches und körperliches Wohlbefinden, für steigende Kreativität und Leistungsfähigkeit – und damit auch für den erwünschten geschäftlichen Erfolg.

Die Bedeutung der Farben in unserer Umgebung

Eine weitere bedeutsame Kraft, die wir bei der Einrichtung unserer Wohnung bewußt nutzen sollten, ist die der Farben. Auch deren heilende Wirkung wird heutzutage allzuoft nicht zur Kenntnis genommen. Ästhetische, modischem Wandel unterworfene Vorstellungen davon, »was farblich zusammenpaßt«, verbauen häufig eine eigene, persönliche Wahrnehmung der Bedeutung, die eine Farbe zu einem bestimmten Zeitpunkt, in einer bestimmten Stimmung für eine Person haben kann. Jede Farbe hat ihre eigene Schwingung und wirkt auf ganz unterschiedliche Weise auf die Menschen. In der Naturheilkunde ist die Kraft der Farben als therapeutisches Mittel bekannt und wird zur Heilung von so unterschiedlichen Beschwerden und Krankheiten wie Erkältung, Blutdruckschwierigkeiten, Frauenleiden, Depressionen, Mager- und Fettsucht und vielen anderen eingesetzt (vgl. im einzelnen: Ingrid Kraaz von Rohr: *Die Farben deiner Seele*, München [5]1995, und Kraaz von Rohr: *Die richtige Schwingung heilt.* München 1989, und *Formen, Farben und Symbole* München u. Bern 1996). Eine falsche Farbenwahl in einem Zimmer kann verheerende Folgen haben, nicht nur Krankheiten verstärken oder hervorrufen, sondern auch zu familiären, partnerschaftlichen oder geschäftlichen Schwierigkeiten führen.

Daher wollen wir im folgenden bei der Betrachtung unserer Wohnumgebung und (Lebens-) Räume im einzelnen die günstigste Farbenwahl einer jeweiligen Umgebung ebenso ins Auge fassen wie das Feng-Shui.

Farben, die uns Kraft geben

Damit Sie nach ihren eigenen individuellen Bedürfnissen Farben bei der Einrichtung Ihrer Wohnung gezielt einsetzen können, wollen wir Ihnen im folgenden eine systematische Übersicht über die Wirkungen der wichtigsten Farben geben. Aus Platzgründen können hier nicht alle Farben und Zwischenfarben erörtert werden. Wer sich detaillierter über die Wirkungen von Farben, ihre Symbolkraft und ihren therapeutischen Einsatz informieren möchte, dem empfehlen wir von Ingrid Kraaz von Rohr: *Farbtherapie kurz und praktisch*, Freiburg 1995.

Rot

Rot ist eine äußerst stark wirkende Farbe, die man in seiner Umgebung vorsichtig dosieren sollte. Sie wirkt kräftigend, wärmend und belebend. Rot ist positiv, etwa in seiner libidinösen Wirkung, in seiner Stärkung und Energetisierung, aber auch negativ, nämlich wenn es zu Leidenschaft, Gewalt, Aggression und Zerstörung führt.

In der Umgebung von Cholerikern ist Rot eine denkbar ungünstige Farbe, doch sollte man generell sehr sparsam mit Rot in der Wohnung umgehen. Vermeiden Sie rote Wandanstriche – sie können sogar zu körperlicher Übelkeit führen. Rote Akzente sind dagegen sehr belebend und anregend.

Im Schlafzimmer entfaltet Rot eine sexuell stimulierende Wirkung. Vorsicht ist aber bei Cholerikern, bei Schlafstörungen, Nervosität und Hyperaktivität angezeigt.

Grün

Grün ist die Komplementärfarbe zu Rot, das heißt sie wirkt harmonisierend in einer durch viel Rot geprägten Umgebung. Ihre beruhigende und ausgleichende Wirkung entfaltet sie am wirkungsvollsten dort, wo häufig eine aufgeregte Atmosphäre herrscht. Aus therapeutischer Sicht ist von Bedeutung, daß Grün das Sehpurpur stärkt; es sollte also dort als farblicher Hintergrund vorhanden sein, wo die Augen angestrengt werden, etwa hinter einem Fernseher oder Computer.

Psychisch verhilft Grün zu Stabilität, Ausgewogenheit und einem starken Selbstwertgefühl. Menschen, die Stimmungsschwankungen unterliegen, verhilft Grün zu einem inneren Gleichgewicht. Grün ist eine gute Farbe für ein Zimmer, in das man sich zwecks Entspannung und zum Wiederauftanken verbrauchter Energien zurückzieht.

Auch wenn Grün die ideale Farbe für Ruhezonen ist, sollte es auch in allen anderen Wohnbereichen vorkommen, etwa in Form von Pflanzen, Bildern usw.

Blau

Blau ist eine tief beruhigende, kühle Farbe, die zu Introvertiertheit und Reserviertheit führt. Eine gewisse geistige Unabhängigkeit und Loslösung von materiellen Dingen wird durch Blau unterstützt; im Extremfall kann es allerdings Realitätsverlust und einen verlangsamten Gedankengang bewirken. Im körperlichen Bereich hilft eine blaue Umgebung gegen Verspannungen, Nervosität und Schlafstörungen. Blau ist die ideale Farbe, wenn man sich entwurzelt, »neben sich stehend« fühlt und auf der Suche nach der eigenen Mitte ist.

Für viele Menschen, die sich durch die alltäglichen Anforderungen nur zu leicht gestreßt fühlen und dringend einer regelmäßigen regenerativen Phase bedürfen, ist Blau im Schlafzimmer, etwa als blaue Bettwäsche, eine große Hilfe.

Orange

Als Komplementärfarbe zu Blau verfügt Orange, eine Mischung aus Rot und Gelb, über die entgegengesetzten Eigenschaften. Es ist eine äußerst aktivierende, belebende, wärmende Farbe, die sich aufgrund ihrer heiteren Ausstrahlung besonders gegen Melancholie, Introvertiertheit und Depressionen bewährt hat. Orange ist die Farbe des Neuanfangs. Wenn Sie vor einer neuen Arbeitsstelle, einer neuen Partnerschaft, einem neuen Lebensabschnitt, z. B. vor einer Schwangerschaft, stehen, unterstützt Orange Sie positiv und mit der Stärkung Ihres Selbstwertgefühls.

Da Orange appetitanregend wirkt, kann man diese Farbe bei Ernährungsproblemen zielgerichtet einsetzen: bei Magersucht oder allgemeiner Appetitlosigkeit in Küche, Bad und Eßzimmer wirken lassen; bei zu starker Eßlust hingegen vermeiden und eher die Komplementärfarbe Blau zur Geltung bringen.

Wegen seiner stark anregenden Wirkung sollte man Orange ebenso sparsam wie Rot verwenden. Während der dunklen Jahreszeit kann man mit Orange bewußt einen Gegenpol der Aufheiterung schaffen. In Geschäftsräumen hat sich Orange zur Umsatzsteigerung bewährt. Seine Wirkung führt dazu, daß die Menschen leichter ihr Geld ausgeben.

Gelb

Gelb ist eine sehr positive Farbe, die sowohl die geistige Wendigkeit und Kreativität, den Verstand und das analytische Vermögen fördert als auch die Menschen heiter, offen und warm stimmt.

Überall dort, wo man lernen, arbeiten und Kreativität entwickeln muß, wirkt die Farbe Gelb unterstützend. Zudem ruft sie eine Zuversicht hervor, die gerade in der Umgebung von Kranken hilfreich ist, da deren Genesungswille gestärkt wird. Als Symbol von Sonne, Kraft und Wärme bedeutet Gelb vor allem Lebensantrieb. Der Fluß der Körpersäfte wird durch die Gelbwirkung angeregt, so daß in jedem körperlich-organischen Bereich verstärkte Aktivität, auch der Gehirntätigkeit, zu bemerken ist.

Für die Wohnungseinrichtung gilt daher, daß ein gelber Wandanstrich in Räumen zu empfehlen ist, in denen man geistig aktiv ist, also in Klassenzimmern, Kinderzimmern (falls die Kinder dort ihre Hausaufgaben erledigen) und in allen Arbeitszimmern. Wegen der die Genesung unterstützenden und Traurigkeit und Lethargie bekämpfenden Wirkung ist Gelb zudem eine sehr positive Farbe in Krankenzimmern.

Violett
Violett ist die Farbe mit der höchsten Schwingungsfrequenz und zugleich der kürzesten Wellenlänge (des sichtbaren Lichtspektrums). Sie hat die stärkste Reinigungskraft im körperlichen wie psychischen Bereich. Disharmonien lassen sich ausgleichen, Unterschiede zwischen Gegensätzen – männlich/weiblich, Yin/Yang, aktiv/passiv – vermitteln. Bei Menschen, die zu einseitig intellektuell oder materiell bestimmt sind, hilft Violett als Komplementärfarbe zu Gelb, die Schwingungen zwischen den Gehirnhälften aufeinander abzustimmen. Violett ist die Farbe der Kunst, Spiritualität, Magie und Mystik.

Türkis
Türkis stärkt die Funktion der (Schutz-) Schilddrüse und damit die Fähigkeit, elektromagnetischen Smog besser zu verarbeiten. Deshalb ist Türkis heutzutage eine Heilfarbe, der für uns Menschen, die wir von einer wachsenden Anzahl technischer Geräte in Haushalt und Büro umgeben sind, große Bedeutung zukommt. Da diese kühlende und erfrischende Farbe auf die Schilddrüse harmonisierend wirkt, sollte sie in unserer Umgebung systematisch dort verwendet werden, wo wir etwa vor einem Computer erhöhter Strahlenbelastung ausgesetzt sind. Ebenso lindert Türkis Erschöpfungsbeschwerden und giftstoffbedingte Kopfschmerzen.

Eine weitere wichtige Funktion von Türkis besteht darin,

den sprachlichen Ausdruck, eine echte, ehrliche Kommunikation zu fördern und die geistige Kreativität anzuregen. Es sollte daher in unserer Umgebung an Orten Verwendung finden, wo man viel schriftlich oder mündlich formuliert, zum Beispiel am Schreibtisch und am Telefon.

Apricotorange

Apricotorange sei hier als sehr empfehlenswerte Farbe genannt, die die größtmögliche Fähigkeit besitzt, Geborgenheit, Wärme, Entspannung zu vermitteln, möglicherweise weil sie die Farbe ist, die den Embryo im Mutterleib umgibt.

Sie eignet sich in idealer Weise als Wandanstrich in Schlafzimmern sowie in Arztpraxen.

Lemon

Lemon ist eine positive Farbe für das Immunsystem, denn sie regt die Thymusdrüse an. Sie ist eine Mischung aus Gelb und Grün, und ihre Haupteigenschaft besteht darin, Blockaden zu lösen und den Fluß – der Körpersäfte wie der Gefühle – in Gang zu setzen. Lemon ist eine psychisch wirkungsvolle Farbe, die sowohl das Gefühl für das eigene Ich als auch für andere stärkt.

Unter der Einwirkung von Lemon intensivieren sich Glücksgefühle, besonders nachdem man dank der Farbeinwirkung eine lähmende Starre abwerfen konnte. Lemon fördert auch das Lachen, und Lachen ist die beste Medizin.

Magenta

Magenta ist eine Farbe zwischen Rot und Violett, mit der man vorsichtig umgehen muß, da sie als starkes Energetikum wirkt.

Scharlachrot

Scharlachrot spielt zwischen Rot und Magenta und wirkt sich stark anregend auf den Sexualtrieb aus. Es gilt geradezu als

Aphrodisiakum, das auch im fortgeschrittenen Alter die Libido stärkt.

Purpur

Im Gegensatz zu Scharlachrot wirkt die Königsfarbe Purpur, die zwischen Violett und Magenta changiert, sedierend und schlaffördernd. Sie übt einen ausgleichenden Effekt auf eine zu starke Libido aus und wirkt zu dem blutdruck- und fiebersenkend.

Braun

Braun vermittelt ein Gefühl der Geborgenheit. Als Symbol der Erde, mit der wir verwurzelt sind, ist Braun zugleich eine Farbe des Austausches. Da Braun uns das Gefühl vermittelt, heimisch und beschützt zu sein, ist es die Farbe, die uns nach bewegten Abenteuern in der Außenwelt daheim Ausgleich und Ruhe vermittelt. Besonders kleine Kinder ziehen sich gern in ihre selbstgebauten Höhlen zurück, die vorzugsweise aus braunen Decken o. ä. bestehen.

Allerdings sollte man diese Farbe maßvoll in der Wohnungseinrichtung verwenden, da zuviel Braun sich hemmend auf die Kreativität und geistig-seelische wie auch die psychosomatische Entwicklung auswirkt. Helle Holzmöbel oder ein hellbrauner Parkettboden sind ausreichend.

Grau

Grau ist eine neutrale, indifferente Farbe, die fast keine eigene Strahlung besitzt. Man benutzt sie gern, wenn man andere Farben hervorheben will. Grau wirkt dämpfend, es verringert die Körperenergien und sollte daher sparsam eingesetzt werden. Allerdings kann diese Farbe die Kritikfähigkeit und Urteilskraft schärfen. Nicht zufällig ist Grau daher eine bevorzugte Bürofarbe. Sie kann zu Langeweile führen.

Weiß
Weiß hat eine positive Wirkung, die man in der eigenen Umgebung, z. B. als Wandanstrich, nutzen sollte. Auch wenn Weiß in der Farbtherapie nicht eingesetzt wird, so gilt doch, daß man seine immanente Symbolkraft als »Farbe« der Reinheit, Vollkommenheit, Unschuld, ja sogar der Erleuchtung, für sich selbst durchaus in Anspruch nehmen sollte.

Schwarz
Vorsicht ist hingegen bei Schwarz angesagt, das alle Farben absorbiert, Düsterkeit und im Extremfall Lebensverneinung, Zerstörung und Chaos nach sich zieht.

Rosa
Rosa ist die Farbe der selbstlosen, von heftigen Leidenschaften freien Nächstenliebe, die die Fähigkeit unterstützt, Liebe zu geben und einfühlsamer zu werden. Mit Rosa kann man sich vor der bedrängenden Wirkung schützen, die eine große Menschenmenge auf die eigene Person haben kann.

Diese Farbe ist als aggressionshemmende, besänftigende Kraft ein geeigneter Anstrich für berufliche Räume, in denen es hektisch zugeht, aber auch für Kleinkinderzimmer.

Hellblau
Ebenfalls als Wandanstrich für ein Kinderzimmer eignet sich Hellblau aufgrund seiner stark beruhigenden, streitschlichtenden Wirkung. Auch als Grundfarbe für ein Schlafzimmer ist Hellblau geeignet. Es fördert einen ruhigen, sanften, erholsamen Schlaf.

Gold
Wegen seiner Fähigkeit, spirituelle Entwicklungen zu fördern, findet Gold einen wichtigen Einsatz in der Heilmeditation. In

unserer häuslichen Umgebung sollten goldene Impulse – Türklinken, Bild- oder Spiegelumrandungen, Kerzenhalter u. ä. – unseren Lebensmut und unser Selbstwertgefühl stützen helfen. Allerdings ist auch hier das richtige Maß entscheidend. Zuviel Gold kann nämlich die eigene Lebensunsicherheit überdecken oder aber auf eine übertriebene Wertschätzung materieller Güter hinweisen.

Fallbeispiele

Fallbeispiel: Privatwohnung

Patient B. wurde in seiner Wohnung aufgesucht, weil er sich dort unwohl fühlte und keinen erholsamen Schlaf mehr fand. Tagsüber war er nervös und spürte einen deutlichen Widerwillen gegenüber dem Aufenthalt in seinen eigenen Räumen. Folgende Feng-Shui-Maßnahmen wurden eingeleitet:

Zunächst untersuchte ein Radiästhesist die Wohnung, um den Verlauf der Wasseradern zu ermitteln. Im Gespräch mit dem Patienten stellte sich heraus, daß die Wohnung aufgrund von Zwistigkeiten mit dem Vormieter belastet war.

Der Schnitt der Wohnung ist günstig. Als erstes mußte die Energie in ihr mit Hilfe eines kleinen, in der Diele angebrachten Windspiels verteilt werden. Vor der Badezimmertür wurde ein Spiegel angebracht, damit die Energie nicht mehr durch die Abflußrohre hinausgezogen werden kann. Im Schlafzimmer wurde das Fenster durch ein Windspiel blockiert, und Bergkristalle wurden in dem Bereich zwischen Kopfende des Bettes und Wand zum Bad angebracht. So konnten die künstlichen Wasseradern, als die die Abflußrohre in der Wand zu betrachten sind, neutralisiert werden. Zudem wurde unter dem Bett in Höhe des Brust- und Beckenbereiches die schädliche Wirkung von nachgewiesenen natürlichen Wasseradern durch weitere Bergkristalle entschärft. Ein schönes, großes Wasserfallposter wurde nah am Fenster so angebracht, daß Herrn B.s Blick beim Aufwachen als erstes darauf fällt. Zwar ließ sich die ungünstige Nähe des Posters zum Fenster nicht vermeiden, aber das Wasser fällt in die dem Fenster gegenüberliegende Richtung und vermittelt eine deutlich erfrischende Wirkung.

Eine scharfe, in den Raum hineinweisende Kante, die die Wadenbereiche und das Knie attackierte, wurde durch bunte Bänder entschärft, wobei die gemäß chinesischem Denken glückverheißenden Farben Rot, Blau und Gelb gewählt wurden. Über dem Bett wurden vierzig Zentimeter lange Flöten angebracht, damit genügend Ch'i in den Raum hineingeholt werden kann. Die Flöten wurden in einer optimalen Feng-Shui-Höhe angebracht. Auch der Abstand der oberen und unteren Flötenkanten zueinander wurde im Rahmen der Feng-Shui-Maße festgelegt. So hängen diese Flöten jetzt im Bereich Erfolg, Reichtum, Gesundheit und Glück.

Als Ergebnis dieser Maßnahmen konnte man zuerst vierzehn Tage lang beobachten, daß Herr B. unruhiger schlief und weniger schlafbedürftig war. Anschließend aber setzte seine körperliche Anpassung an die Umstellung ein, und er schlief tief und fest, wenngleich immer noch weniger als zuvor. Aber der geringere Schlaf hat sich seitdem als ausreichend erwiesen. Auch andere Menschen, die in Herrn B.s nun verändertem Zimmer geschlafen haben, konnten feststellen, daß sie sich nach wenigen Stunden Schlaf erfrischt fühlten. Die starke Harmonie, die nun in dem Zimmer herrscht, wirkt sich zudem sehr positiv auf die regelmäßige Meditation aus, der Herr B. hier nachgeht.

Das Bad wurde durch Seidenblumen farblich etwas aufgepeppt. Die Diele wurde durch ein Glückszeichen, z. B. ein Urkreuz oder ägyptisches Anch-Kreuz, verstärkt und mit Flöten über der Tür versehen, die die Energie in die Diele hineinziehen. Über der Eingangstür wurde ein Ba-Gua-Zeichen angebracht, um ungünstigen Einflüssen schon gleich Einhalt zu gebieten.

In der frei zugänglichen Abstellkammer wurden zur Verbesserung des Energieflusses Bänder angebracht. Die große Fensterfront im Wohnzimmer wurde mit einem Windspiel blockiert, und vom Fenster ausgehende, auffällige Kanten ließen sich durch Pflanzen runden. Über der Stereoanlage wurde ein riesiges Wasserfallposter angebracht, das einen mächtigen, in den Raum hineinschießenden Wasserfall zeigt. Alle Ecken wurden durch Bänder entschärft.

Die Glasplatte des Schreibtisches wurde gegen eine Holzplatte mit abgeschrägten Ecken ausgetauscht, die in Länge und Breite ideale Feng-Shui-Maße aufweist. Auch bei den in den Räumen verteilten Spiegeln wurde auf die Einhaltung günstiger Maße geachtet: Zum Beispiel weist der Spiegel vor normalen Türen eine Länge von 1,08 Meter, eine obere Breite von 26 Zentimetern und eine untere Breite von 28 Zentimetern auf. Die moderne Möblierung mit schwarzer Sitzgarnitur wurde durch eine farbigere Couch ersetzt. Die Hintertür wurde nicht blockiert, damit die verbrauchte Energie hinausgeleitet werden kann.

Im Verlaufe von nur wenigen Wochen wandelte sich für Herrn B. das Wohngefühl. Nicht nur war sein Schlaf erholsamer geworden, sondern er hielt sich mit Freude in seiner Wohnung auf, arbeitete an seinem Schreibtisch produktiv und genoß die Behaglichkeit seines Wohnzimmers.

Fallbeispiel: Büro einer Redaktion

In dem Redaktionsbüro einer Tageszeitung stürzten andauernd bei vier Computern die Programme ab. Der Computerscanner konnte fototechnisch nicht richtig verwendet werden, was besonders ärgerlich war, da es das wichtigste Gerät der Redaktion ist. Die Mitarbeiter ermüdeten schnell und hatten schlechte Laune.

Nach dem Durchgang eines Radiästhesisten war klar, daß sich sämtliche elektronischen Geräte auf Wasserkreuzungen befanden und zudem die Erdungen an den Steckdosen verschieden angebracht waren und so eine hohe elektromagnetische Aufladung erzeugten. Sie wurden anders plaziert und haben seither keine Ausfälle mehr gezeigt.

In den Büroräumen wurden sämtliche Fenster blockiert. Bereits vorhandene Springbrunnen wurden an besseren Stellen plaziert. Arbeitsplätze wurden so umgestellt, daß die Eingangstüren zu sehen waren. Die Überprüfung der Schreibtischseiten ergab, daß die genormten Bürotische ein Maß haben, das den Feng-Shui-Maßen für Krankheit, Verlust, Erfolglosigkeit und Verletzung entspricht. Zwei dieser Tische wurden aneinander gestellt und wiesen dann die Feng-Shui-Maße für Glück, Reichtum und Erfolg auf. Selbst die heimischen Schlafplätze der Redakteure wurden von einem Radiästhesisten untersucht und konnten energetisch verbessert werden.

Ergebnis: Die Mitarbeiter, die sich früher häufig gegen Redaktionsschluß erschöpft und verbraucht fühlten, blieben topfit, waren gut gelaunt und voller Energie.

Fallbeispiel: Einfamilienhaus, 300 Quadratmeter

Wegen andauernder Müdigkeit und Antriebsschwäche der Bewohner eines Einfamilienhauses wurde eine Feng-Shui-Beratung erforderlich. Zunächst ermittelte der Radiästhesist Störzonen, die neutralisiert werden konnten. Pflanzen, die zuvor kümmerlich waren, sind seither gediehen; technische Geräte wie Anrufbeantworter und Faxgerät funktionieren wieder. Darüber hinaus wurden einige Feng-Shui-Maßnahmen angebracht, und das Haus wurde teilweise umgeräumt. Interessant ist, daß instinktiv im Sommer die Terrassentür, die im Süden liegt, und im Winter die Haustür als Haupteingang zum Haus verwendet wurde. In beiden Fällen war es wichtig, daß die Zugänge freistanden und nicht blockiert wurden.

Ergebnis der Beachtung von Feng-Shui-Regeln in diesem Haushalt: Die Hausfrau hat jetzt wesentlich mehr Energie und einen besseren Stoffwechsel, wodurch sie überflüssige Pfunde verloren hat. Jetzt fühlt sie sich viel wohler. Auch die finanzielle Entwicklung der Bewohner hat sich positiv verändert.

Fallbeispiel: Galerie in München

Die ursprünglichen Voraussetzungen dieser Galerie, deren Geschäftslage ungünstig und deren Umsatz gering war, ließen eine Feng-Shui-Beratung erforderlich scheinen.

Aufgrund der Präsenz von Kunstgemälden war die Verwendung von Wasserfallbildern auszuschließen. Der Kassenbereich wurde verschoben, da sich die Kasse radiästhetischen Messungen zufolge direkt auf einer Wasserader befand. Deren störender Einfluß konnte durch Ausgleichsmaßnahmen beseitigt werden. Die Toilettentür wurde durch einen Spiegel blockiert. Ein Springbrunnen wurde in der Nähe der Kasse aufgestellt, um den geschäftlichen Erfolg zu steigern.

Auch wenn eine notwendige Maßnahme noch aussteht, nämlich die Veränderung der Eingangstürmaße, war schon nach kurzer Zeit ein deutlicher Umsatzanstieg bemerkbar.

Fallbeispiel: Dachgeschoßbüro eines Medienverlages

Die Raumkraft in dieser Büroetage war so niedrig, daß man eigentlich nur noch empfehlen konnte, dort auszuziehen. Da Auszug aber zum Zeitpunkt der damaligen Beratung nicht praktikabel war, wurde die energetische Situation mit einer Reihe von Hilfsmaßnahmen erhöht.

Zunächst konnte die Eingangstür mit dem Element des Verlegers in Einklang gebracht werden. Durch die schrägen Wände herrschte eine bedrückende Stimmung, zudem war die gesamte Atmosphäre unruhig. Herumstehende Umzugskartons wurden aus- und weggeräumt. Unter den Schrägen wurden Sideboards und Computer installiert. Wichtig ist, daß die Aura des Menschen nicht durch die Schräge gedrückt wird. Fenster wurden blockiert, Arbeitsplätze neutralisiert. Mit Flöten und Fächern konnte die Energie weiter in die Büroräume geleitet werden. Windspiele an der Decke bewirkten eine gleichmäßige Ch'i-Bewegung ins Chefbüro hinein. Sitzpositionen wurden neu gestaltet, so daß man von ihnen aus nun jeweils die Eingangstür kontrollieren kann. Das Badezimmer wurde blockiert.

Bereits zwanzig Minuten nach Installierung der Maßnahmen stieg spürbar der Frischluftpegel in diesem Büro, das zuvor ziemlich muffig und stickig gewesen war.

Checkliste: Worauf sollte man achten?

Nach Lektüre dieses Buches dürfte es Ihnen nicht mehr schwerfallen, bei der Gestaltung Ihrer Wohnumgebung mit neuem kritischen »Feng-Shui-Blick« auf eine Reihe von vitalen Aspekten zu achten.

Eine Grundvoraussetzung für die Erwägung, wie man einen Raum einrichtet, ist zunächst die Messung seiner energetischen Situation, die man auf verschiedene Arten vornehmen kann (siehe S. 29).

Machen Sie nun einmal einen Rundgang und überprüfen Sie Ihr Haus oder Ihre Wohnung anhand folgender Fragen:

Checkliste

Umgebung:
- Gibt es Berge/Bäume/Wasser/offene freie Flächen/hohe Gebäude in der Nähe?
- Wie sind die Dachformen der umliegenden Gebäude? Gehen von ihnen geheime Pfeile aus?
- Wie sind die Straßen angeordnet? Führt eine gerade Straße direkt auf Ihr Haus zu?
- Welche Form weist das Grundstück/die Wohnung im Grundriß auf?

Gebäude:
- Wie liegen die einzelnen Zimmer zueinander (Himmelsrichtungen, Nachbarschaft)?
- In welche Richtung öffnen sich die Türen?

- Befindet sich direkt hinter der Eingangstür eine Treppe?
- Kann man von der Haustür aus die Hintertür sehen?
- Wie liegen die Fenster in den Räumen zueinander beziehungsweise zur Tür?
- Wie ist die Position der Deckenbalken?
- Wie ist der Ch'i-Fluß in den einzelnen Zimmern?
- Was sieht man, wenn man aus dem Fenster blickt?
- Welche Position nehmen Stühle, Sitzecken, Betten ein?
- Wie ist die Position des Herdes und der Spüle in der Küche?
- Gibt es tote Ecken?
- Welche Farben/Elemente herrschen in welchen Wohnbereichen vor?

Sind Sie bei der Analyse Ihrer Wohnung auf Schwachstellen gestoßen? Sicher fällt es Ihnen nicht schwer, mit Hilfe der in den einzelnen Kapiteln systematisch dargestellten Hilfsmittel energetisch ungünstige Orte zu verbessern.

Wenn es Ihnen nach Beachtung der Feng-Shui-Regeln gelungen ist, optimale Wohn- und Arbeitsbedingungen für sich und ihre Familie herzustellen, sollten Sie schließlich noch an eines denken: Nicht nur die äußere Umgebung muß stimmen, auch in unserem Inneren brauchen wir gutes Feng-Shui: Wer im Leben dauerhaft Gesundheit, Glück und Erfolg haben will, braucht außer einer guten, fundierten Ausbildung auch Intuition, die den Weg zur Ausgeglichenheit zwischen dem Selbst und der Natur weist und damit zur inneren Harmonie. Man sollte die meditative Suche nach dem Zentrum und dem Selbst niemals aufgeben und sich bewußt sein, daß Streß die Intuition zerstört.

»Wir betrachten die Welt als verwobenes Ganzes. Alles Leben mag als Vielfalt an Farben, Formen und Größen erscheinen, doch das, was alles verbindet, ist in Wahrheit dasselbe, es ist die Liebe.«

Rajinder Singh,
Vereinte Nationen in New York, 1995

Anhang

Tabelle des chinesischen Elementekalenders von 1901 bis 2000

Die chinesischen Tierkreiszeichen

Da sich der chinesische Jahresbeginn nach dem zweiten Neumond nach der Wintersonnenwende richtet, fängt jedes Jahr an einem anderen Tag an. Jedem Jahr sind eines der fünf Elemente und ein Tierzeichen zugeordnet. Die Tierkreiszeichen der chinesischen Astrologie lassen sich zu den uns vertrauten folgendermaßen in Beziehung setzen:

Die Ratte entspricht unserem Widder; der Büffel unserem Stier; der Tiger unseren Zwillingen; der Hase unserem Krebs; der Drache unserem Löwen; die Schlange unserer Jungfrau; das Pferd unserer Waage; die Ziege unserem Skorpion; der Affe unserem Schützen; der Hahn unserem Steinbock; der Hund unserem Wassermann und das Schwein unseren Fischen.

Den Tieren im chinesischen Sternenkalender werden folgende Attribute zugeschrieben:

Ratten gelten als charmant, humorvoll, ehrlich, gütig und als weise Berater. Allerdings können sie auch unbeständig, raffgierig und kleinlich sein.

Büffel lieben ihren Arbeitstrott. Sie sind hilfsbereit und vertrauenerweckend, können aber auch schwerfällig, stur und langsam sein.

Tiger sind starke, tatkräftige und mutige Führer- und Beschützerfiguren, die Gefolgsleute und Bewunderer anziehen, allerdings auch leidenschaftlich und ruhelos sein können.

Hasen sind reaktionsschnell, gewitzt und ehrgeizig, doch lassen sie Angefangenes häufig unfertig liegen. Sie sind sozial, diskret und reagieren einfühlsam auf andere. Aber sie können sich auch als selbstgefällig, launisch und oberflächlich erweisen.

Der Drache ist ein geheimnisvolles Sternzeichen. In ihm schlummern magische Kräfte, Klugheit, Gesundheit und Vitalität. Die kleinen Drachen sind philosophisch, ruhig, verständnisvoll, aufnahmebereit und körperlich sehr anziehend. Aber sie sind auch unbeständig. Sie kommen leicht zu Erfolg und Ruhm. Sie spucken Gift und können sehr selbstsüchtig sein.

Die Schlange gilt als das Sinnbild für das Weibliche und Positive schlechthin und als Verkörperung von Treue und Disziplin. Wer die Zuneigung einer Schlange einmal erworben hat, wird sie sein ganzes Leben lang nicht mehr verlieren.

Das Pferd ist heiter und liebenswürdig, verständig und engagiert. Oft genießt es hohes Ansehen, nicht zuletzt, weil es mit seiner Meinung nicht hinter dem Berg hält. Seine Direktheit grenzt aber manchmal an Taktlosigkeit. Sein ungeduldiges Streben nach Erfolg kann lästig und aufdringlich werden.

Die Ziege ist intelligent und künstlerisch begabt und in Geschäftsdingen sehr erfolgreich. Sie kann umgänglich und für andere dasein, in familiären Beziehungen jedoch leicht scheitern, da sie hier zu Wankelmut und Verantwortungslosigkeit neigt.

Der Affe ist charmant und witzig, intelligent, wach, erfinderisch und ein beliebter Zeitgenosse. In bezug auf Begeisterungsfähigkeit und Überzeugungskunst kann ihm kaum jemand das Wasser reichen. Er neigt zu Unbeständigkeit, Wißbegier und manchmal zu Opportunismus. Er wird im Laufe seines Lebens so manche Höhen und Tiefen erleben, aber nie dauerhaft arm sein.

Der Hahn ist genauso begabt und erfinderisch und sehr selbstsicher. Er zeigt Mut in brenzligen Situationen, ist amüsant und beliebt, oft aber auch zu sehr von sich überzeugt und mit einem Hang ausgestattet, sich in Szene zu setzen.

Der Hund ist treu, gerecht, vertrauenerweckend, ehrlich und mutig. Er kann aber auch gehetzt, verhalten und defensiv sein. In Asien gelten Hund-Geborene als begehrte Ehepartner, weil sie so zuverlässig sind.

Das Schwein ist empfindsam, gutmütig und fürsorglich. Aber es übertreibt den Genuß bis hin zur Übersättigung. Es kann alles verlieren und ist nicht in der Lage, sich zu verteidigen, geschweige denn, andere anzugreifen. Es hat echtes Glück und ist oft faul.

Eine chinesische Legende sagt, daß Buddha eines Tages alle Tiere zu sich gebeten habe. Es kamen aber nur zwölf. Buddha schenkte daraufhin jedem Tier ein Jahr und benannte es nach ihm. Seitdem gelten jedes Jahr die Eigenschaften eines Tieres, nach zwölf Jahren beginnt der Tierkreis von vorn.

Das chinesische Horoskop läßt sich nur begrenzt mit der westlichen Astrologie vergleichen. Dennoch ist die Treffsicherheit des chinesischen Horoskops, das sich bis zum Jahre 2500 v. Chr. zurückverfolgen läßt, geradezu verblüffend. Die nachfolgende Tabelle ordnet jedem Geburtsjahr sein Zeichen und das zugehörige Element zu.

19.02.1901: Metall-Büffel	27.01.1902: Wasser-Tiger
30.01.1903: Wasser-Hase	17.02.1904: Holz-Drache
05.02.1905: Holz-Schlange	25.01.1906: Feuer-Pferd
14.02.1907: Feuer-Ziege	02.02.1908: Erde-Affe
22.01.1909: Erde-Hahn	10.02.1910: Metall-Hund
30.01.1911: Metall-Schwein	18.02.1912: Wasser-Ratte
07.02.1913: Wasser-Büffel	27.01.1914: Holz-Tiger
15.02.1915: Holz-Hase	04.02.1916: Feuer-Drache
24.01.1917: Feuer-Schlange	12.02.1918: Erde-Pferd
01.02.1919: Erde-Ziege	21.02.1920: Metall-Affe
08.02.1921: Metall-Hahn	27.02.1922: Wasser-Hund
15.02.1923: Wasser-Schwein	05.02.1924: Holz-Ratte
25.01.1925: Holz-Büffel	14.02.1926: Feuer-Tiger
03.02.1927: Feuer-Hase	23.01.1928: Erde-Drache
11.02.1929: Erde-Schlange	31.01.1930: Metall-Pferd
18.02.1931: Metall-Ziege	07.02.1932: Wasser-Affe
26.01.1933: Wasser-Hahn	14.02.1934: Holz-Hund
05.02.1935: Holz-Schwein	24.01.1936: Feuer-Ratte
12.02.1937: Feuer-Büffel	01.02.1938: Erde-Tiger
19.02.1939: Erde-Hase	08.02.1940: Metall-Drache
28.01.1941: Metall-Schlange	16.02.1942: Wasser-Pferd
05.02.1943: Wasser-Ziege	26.01.1944: Holz-Affe
13.02.1945: Holz-Hahn	02.02.1946: Feuer-Hund
22.01.1947: Feuer-Schwein	10.02.1948: Erde-Ratte
30.01.1949: Erde-Büffel	18.02.1950: Metall-Tiger

07.02.1951: Metall-Hase	27.01.1952: Wasser-Drache
15.02.1953: Wasser-Schlange	04.02.1954: Holz-Pferd
24.01.1955: Holz-Ziege	12.02.1956: Feuer-Affe
31.01.1957: Feuer-Hahn	19.02.1958: Erde-Hund
08.02.1959: Erde-Schwein	28.01.1960: Metall-Ratte
18.02.1961: Metall-Büffel	05.02.1962: Wasser-Tiger
26.01.1963: Wasser-Hase	14.02.1964: Holz-Drache
03.02.1965: Holz-Schlange	22.01.1966: Feuer-Pferd
09.02.1967: Feuer-Ziege	30.01.1968: Erde-Affe
17.02.1969: Erde-Hahn	06.02.1970: Metall-Hund
27.01.1971: Metall-Schwein	19.02.1972: Wasser-Ratte
03.02.1973: Wasser-Büffel	24.01.1974: Holz-Tiger
11.02.1975: Holz-Hase	31.01.1976: Feuer-Drache
18.02.1977: Feuer-Schlange	08.02.1978: Erde-Pferd
28.01.1979: Erde-Ziege	16.02.1980: Metall-Affe
06.02.1981: Metall-Hahn	16.01.1982: Wasser-Hund
14.02.1983: Wasser-Schwein	02.02.1984: Holz-Ratte
23.01.1985: Holz-Büffel	11.02.1986: Feuer-Tiger
31.01.1987: Feuer-Hase	01.02.1988: Erde-Drache
07.02.1989: Erde-Schlange	27.01.1990: Metall-Pferd
15.02.1991: Metall-Ziege	05.02.1992: Wasser-Affe
23.01.1993: Wasser-Hahn	10.02.1994: Holz-Hund
31.01.1995: Holz-Schwein	19.02.1996: Feuer-Ratte
07.02.1997: Feuer-Büffel	28.01.1998: Erde-Tiger
16.02.1999: Erde-Hase	05.02.2000: Metall-Drache

Literatur

Theodor Henzler: »Die Kraft der Formen, Stadt-Haus-Einrichtung-Bild-Symbol-Garten«, in: *Licht-Zeichen* Nr. 29, S. 9

Sarah Rossbach: *Feng-Shui. Die chinesische Kunst des gesunden Wohnens.* München 1991

Derek Walters: *Feng-Shui. Kunst und Praxis der chinesischen Geomantie.* Wettswil ²1992

Derek Walters: *Die Kunst des Wohnens – Feng-Shui. Bauen, Gestalten, Einrichten nach den Regeln der alten chinesischen Harmonielehre.* Bern, München 1994

Rajinder Singh: *Heilende Meditation.* Neuhausen 1996

Veröffentlichungen von Ingrid Kraaz von Rohr

Bach-Blüten und spirituelle Heilung. Eine Synthese von Farbtherapie und Blütenessenzen – mit 39 Meditationsfarbkarten. Mit Wulfing v. Rohr. München 1993

Blütenklänge zu den Bachblüten. Mit Shantiprem. MC und CD, Freiburg 1992

Die Farben deiner Seele. Ein praktisches Werkbuch mit dem 12-Farben-Test. München ⁵1995

Farb-Energie-Set: Farbuntersetzer zum Aufladen für Flüssigkeit mit der jeweiligen Frequenz der Farbe. Eigenverlag 1994

Die Farb-Heilkarten. CH-Neuhausen 1995

Farbkarten – Der 12-Farben-Test. CH-Neuhausen 1992

Farbtherapie kurz und praktisch. Freiburg 1995

Formen, Farben und Symbole bewußt erfahren und nutzen. Die neue Integral-Therapie mit Sonderteil Feng-Shui. Bern, München, Wien 1995
Gesundes Leben aus Glaube, Liebe, Licht und Natur. München 1992
Die Heilblüten-Farbkarten – ein Test zum Auffinden der richtigen Bachblüte. (Bachblütentest) CH-Neuhausen 1990
Heilkräuterkarten. CH-Neuhausen 1995
Meditationen zur neuen Weiblichkeit. Gesichter der Göttin. MC, Freiburg 1992
Naturheilbuch. Schnelle Hilfe bei Krankheiten, Schmerzen und Beschwerden von A–Z. München 1997
Die neue Weiblichkeit. Spiritualität und natürliche Heilkunde für die Lebensmitte. München 1991
Die richtige Farbe heilt. Ein praktischer Intensivkurs. Video, Freiburg 1990
Die richtige Schwingung heilt. Das große Praxisbuch für Bach-Blüten, Farbe und andere Energien. Mit Wulfing v. Rohr. München 1989
Die sieben Heiler. Alle 38 Bachblüten in den 7 Originalgruppen. Mit Wulfing v. Rohr. Münsingen 1992
Die sieben Heiler. Bachblütentexte. MC, Freiburg 1992
Wegweiser natürliche Umweltmedizin. Freiburg 1992

Adressen

Feng-Shui-Berater:
Dr. Robert Hofmann
Zentrum für Wohn- und Lebensqualität
Brauneckstraße 1
D-85598 Baldham
Tel. und Fax: 08106/53 69

Architekt mit ganzheitlichem Ansatz:
Walter Haag
Friedrich-Spee-Straße 8
D-97072 Würzburg
Tel. 0931/8 84 18 89
Fax 0931/78 17 38

Entstörgeräte und energitisierende Hilfsmittel:
Pen Yang
Eremitenstraße 1
D-96231 Staffelstein
Tel. 09573/34 01 50
Fax 09573/34 01 52

Informationen über Seminarveranstaltungen der Autoren erhalten Sie

in Deutschland über:
WRAGE
Schlüterstraße 4
D-20146 Hamburg
Tel. 040/45 52 40
Fax 040/44 24 69

NKM
Josef-Brückl-Weg 3
D-82031 Grünwald

in Österreich über:
Physio-Energetik
R. Engel
Sieveringer Straße 126/4
A-1190 Wien
Tel. 0043/1/4 40 41 97
Fax 0043/1/4 40 42 51

in der Schweiz über:
Angelika Maier
Bernhard-Theater
Theaterplatz
CH-8001 Zürich
Tel. 0041/1/9 32 53 83
Fax 0041/1/9 32 34 76

Informationen über unentgeltliche Meditationstreffen für die innere Harmonie erhalten Sie

in Deutschland über:
Helga Kammerl
Jägerberg 21
D-82335 Berg
Tel. 08151/5 04 49

Meditationszentrum
Schleißheimerstraße 22–24
80333 München
Tel. 089/54 21 20 65
Fax 089/54 21 20 86

in Österreich über:
Seminar- und Meditationszentrum
Praterstraße 40
A-1020 Wien
Tel. 0043/2/899 80
Fax 0043/2/899 80

in der Schweiz über:
Angela Sailer
Tödistrasse 20
CH-8002 Zürich
Tel. 0041/1/2 02 23 72

Psychologische Farbberatung:
Ingrid Kraaz von Rohr
Akademie für Natürliche Komplementär-Medizin
Josef-Brückl-Weg 3
D-82031 Grünwald
Tel. 089/6 41 11 10
Fax 089/6 41 40 10

Wissen ist die beste Medizin

Was Frauen natürlich hilft

Margaret Minker
Naturheilkunde
Das Handbuch für Frauen
Verfahren, Beschwerden und Beratung
von A bis Z
dtv 36011

Dieses umfassende Handbuch bietet Information und Beratung zu allem, was Frauen krank macht: von Abwehrschwäche bis Zyklusstörungen. Margaret Minker weiß um die psychosomatischen Zusammenhänge weiblicher Erkrankungen und ist mit den wirksamsten Mitteln und den wichtigsten Verfahren der Naturheilkunde vertraut. Zu jedem Beschwerdekomplex macht sie mehr als 20 Vorschläge zur Selbsthilfe: Akupressur • Aromatherapie • Atemtherapie • Bach-Blüten • Bewegung • Biologische Krebsabwehr • Chronobiotherapie • Ernährung • Farb- und Lichttherapie • Heilfasten • Homöopathie • Massagen • Pflanzenheilkunde • Psychosomatische Hilfe • Rituale mit Heilwirkung • Tees und Tinkturen • Visualisierungsübungen • Wasseranwendungen • Wickel • Yoga und viele zusätzliche Verfahren.

»Sie finden in diesem Buch eine fundierte Darstellung der Grundsätze der Naturheilkunde und eine Vielzahl von Anregungen zur Selbsthilfe ... Nicht allein die Weisheit der Kräuterfrauen findet in diesem Handbuch ihren Niederschlag, sondern auch und besonders die traditionelle Medizin aus Ost und West wird kritisch dargestellt ... Dabei weicht die Autorin den Kontroversen über die einzelnen Behandlungsmethoden nicht aus, sondern zeigt jeweils Grenzen und Risiken detailliert auf.« *Psychologie Heute*

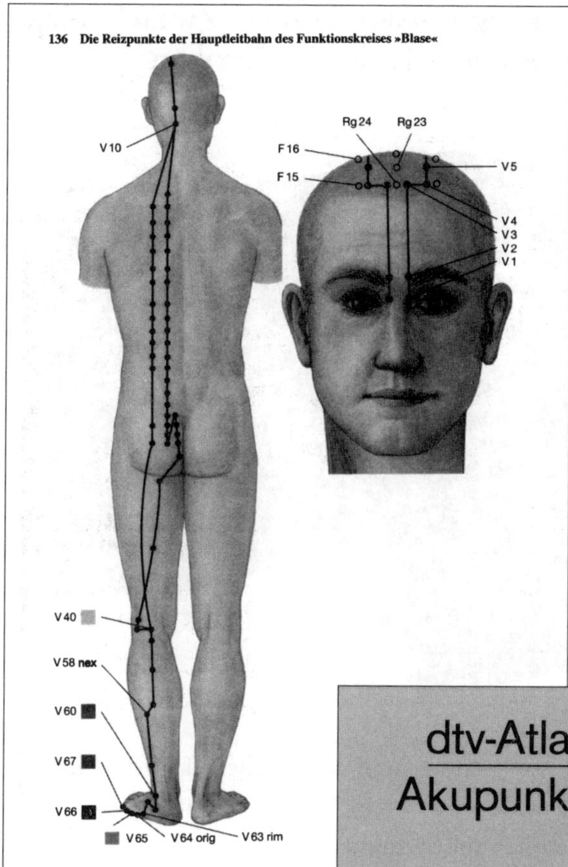

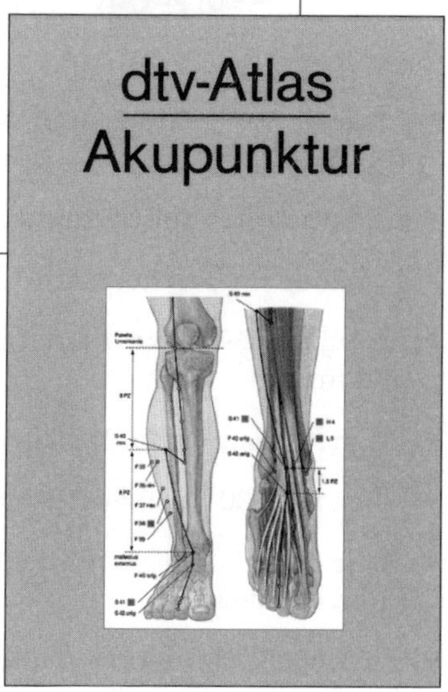

dtv-Atlas Akupunktur
von Carl-Hermann
Hempen
135 Farbseiten
von Ulrike Brugger
Originalausgabe
dtv 3232

Literatur und Geschichte zum Nachschlagen

Herbert A. und
Elisabeth Frenzel
Daten deutscher Dichtung
Chronologischer Abriß der deutschen Literaturgeschichte in 2 Bänden
Band 1
Von den Anfängen bis zum jungen Deutschland
dtv 3003
Band 2
Vom Realismus bis zur Gegenwart
dtv 3004

Horst Dieter Schlosser
dtv-Atlas zur deutschen Literatur
dtv 3219

Lexikon der Goethe-Zitate
Herausgegeben von Richard Dobel
dtv 3361

Der Kleine Pauly
Lexikon der Antike
Herausgegeben von Konrat Ziegler, Walther Sontheimer und Hans Gärtner
5 Bände
dtv 5963

Michael Grant
John Hazel
Lexikon der antiken Mythen und Gestalten
Mit 390 Abbildungen, Stammbäumen und Karten
dtv 32508

Klaus-Jürgen Matz
Wer regierte wann?
Regententabellen zur Weltgeschichte
dtv 3294

Werner Hilgemann
Hermann Kinder
dtv-Atlas zur Weltgeschichte
2 Bände
dtv 3001 und
dtv 3002

Konrad Fuchs
Heribert Raab
Wörterbuch zur Geschichte
dtv 3364

Georg Denzler
Carl Andresen
Wörterbuch Kirchengeschichte
dtv 32503